Anne Mehlhorn

Buchtrailer

Potentiale und Grenzen eines neuen Marketinginstruments im Online-Buchhandel

Diplomica Verlag GmbH

**Mehlhorn, Anne: Buchtrailer: Potentiale und Grenzen eines neuen
Marketinginstruments im Online-Buchhandel.** Hamburg, Diplomica Verlag GmbH 2013

Buch-ISBN: 978-3-8428-8884-5
PDF-eBook-ISBN: 978-3-8428-3884-0
Druck/Herstellung: Diplomica® Verlag GmbH, Hamburg, 2013

Bibliografische Information der Deutschen Nationalbibliothek:
Die Deutsche Nationalbibliothek verzeichnet diese Publikation in der Deutschen
Nationalbibliografie; detaillierte bibliografische Daten sind im Internet über
http://dnb.d-nb.de abrufbar.

Das Werk einschließlich aller seiner Teile ist urheberrechtlich geschützt. Jede Verwertung
außerhalb der Grenzen des Urheberrechtsgesetzes ist ohne Zustimmung des Verlages
unzulässig und strafbar. Dies gilt insbesondere für Vervielfältigungen, Übersetzungen,
Mikroverfilmungen und die Einspeicherung und Bearbeitung in elektronischen Systemen.

Die Wiedergabe von Gebrauchsnamen, Handelsnamen, Warenbezeichnungen usw. in
diesem Werk berechtigt auch ohne besondere Kennzeichnung nicht zu der Annahme,
dass solche Namen im Sinne der Warenzeichen- und Markenschutz-Gesetzgebung als frei
zu betrachten wären und daher von jedermann benutzt werden dürften.

Die Informationen in diesem Werk wurden mit Sorgfalt erarbeitet. Dennoch können
Fehler nicht vollständig ausgeschlossen werden und die Diplomica Verlag GmbH, die
Autoren oder Übersetzer übernehmen keine juristische Verantwortung oder irgendeine
Haftung für evtl. verbliebene fehlerhafte Angaben und deren Folgen.

Alle Rechte vorbehalten

© Diplomica Verlag GmbH
Hermannstal 119k, 22119 Hamburg
http://www.diplomica-verlag.de, Hamburg 2013
Printed in Germany

Abstract

Die stetige Umsatzverlagerung vom stationären zum Online-Buchhandel hat die Einführung neuer Marketinginstrumente notwendig gemacht. Ein in jüngster Zeit immer häufiger verwendetes Instrument ist der Buchtrailer: Ein kurzes Video, welches potentielle Kunden neugierig auf einen Buchtitel machen soll. Die vorliegende Studie befasst sich mit dem Buchtrailer als einem bislang wenig erforschten Online-Marketinginstrument. Aufbauend auf einer vom Filmtrailer abgeleiteten Definition sowie Abgrenzung und der Differenzierung verschiedener Formen von Buchtrailern werden die Vorteile in Wirkungsweise und Akzeptanz im Vergleich zu anderen Online-Marketinginstrumenten dargestellt sowie die Verbreitungsmöglichkeiten und potentiellen Rezipienten von Buchtrailern näher beleuchtet. In einem Forschungsversuch mit Hilfe von Eye-Tracking wird erhoben, inwiefern potentielle Kunden Buchtrailer nutzen, wenn sie sich online über einen Buchtitel informieren und welchen Einfluss dabei die Gestaltung und Platzierung des Trailers haben. Wesentliche Ergebnisse sind, dass Buchtrailer nicht zu lang sein dürfen und Abwechslung bieten sollten, um die Aufmerksamkeit der Rezipienten zu halten. Sie werden tendenziell später als andere Instrumente wahrgenommen, und eignen sich daher eher zur Verstärkung eines bestehenden Interesses; beim oberflächlichen „Stöbern" werden sie mit hoher Wahrscheinlichkeit nicht wahrgenommen. Aufgrund der Art ihrer häufigsten Verbreitungskanäle werden sie eher von Nutzern angeschaut, welche gezielt nach dem entsprechenden Titel oder Autor gesucht hatten, also bereits über ein gewisses Involvement verfügen.

Inhaltsverzeichnis

Tabellenverzeichnis 4
1.   Einleitung 5
    1.1.   Relevanz 6
    1.2.   Forschungsstand 7
    1.3.   Themeneingrenzung 8
    1.4.   Aufbau und Ziele der Untersuchung 10
2.   Begriffsabgrenzung und Systematik 12
    2.1.   Ursprung Filmtrailer 12
    2.2.   Definition „Buchtrailer" 14
    2.3.   Videos im Buchhandel – eine Systematik 16
    2.4.   Gliederung von Buchtrailerformen 17
3.   Potentiale von Video-Marketing 22
    3.1.   Aufmerksamkeit und Verarbeitung 22
    3.2.   Akzeptanz und Wirkung von Online-Videowerbung 24
    3.3.   Verbreitungsmöglichkeiten 28
    3.4.   Zielgruppe 29
4.   Untersuchung zur Werbewirksamkeit von Buchtrailern 31
    4.1.   Forschungsleitende Fragen und Hypothesen 31
    4.2.   Methodischer Ansatz: Eye-Tracking 32
    4.3.   Konzeption, Durchführung und Ergebnisse 37
        4.3.1.   Sampling und Stichprobenzusammensetzung 37
        4.3.2.   Auswahl zu untersuchender Trailer und Online-Buchhändler 38
        4.3.3.   Versuchsaufbau 43
    4.4.   Ergebnisse 46
        4.4.1.   Buchtrailer-Wahrnehmung, Bekanntheit und Einstellung 46
        4.4.2.   Vergleich der beiden Buchtrailer „Verstummt" und „Todesfrist" 49
        4.4.3.   Korrelationen 55
    4.5.   Diskussion 56
        4.5.1.   Überprüfung der aufgestellten Hypothesen 56
        4.5.2.   Prüfung der wissenschaftlichen Gütekriterien 60
5.   Fazit 62
Video- und Trailerverzeichnis 64
Literaturverzeichnis 65

Abbildungsverzeichnis

Abbildung 1: Systematik der in der Buchbranche eingesetzten Filmarten (nach Rudloff (2009), S. 14.)...........17
Abbildung 2: Buchtrailer zu "Dumm sterben" von Brandon Walder (Screenshot) 18
Abbildung 3: Buchtrailer zu "Dinge geregelt kriegen" von Sascha Lobo und Kathrin Passig (Screenshot)...........18
Abbildung 4: Buchtrailer zu "Ich werde hier sein im Sonnenschein und im Schatten" von Christian Kracht (Screenshot)...........18
Abbildung 5: Buchtrailer zu "Er ist wieder da" von Timur Vermes (Screenshot)...........18
Abbildung 6: Buchtrailer zu "Böser Wolf" von Nele Neuhaus (Screenshot)...........18
Abbildung 7: Buchtrailer zu "5 Tage Liebe" von Adriana Popescu (Screenshot) 18
Abbildung 8: Formen von Buchtrailern nach visuellem und akustischem Fokus (eigene Darstellung in Anlehnung an Ebenau (2008), S. 293.)...........20
Abbildung 9: Werbeakzeptanz im medialen Vergleich (Forschungsgemeinschaft neue Medien e.V. (2009), S. 15.) 25
Abbildung 10: Online-Werbemittel im Vergleich (Tomorrow Focus AG (2011), S. 40.)...........27
Abbildung 11: Projekttypen in NYAN 2.0XT (Screenshot) 35
Abbildung 12: Definition dynamischer AOIs in NYAN 2.0XT (Screenshot) 36
Abbildung 13: Buchtrailer zu "Todesfrist", 00:15 (Screenshot) 40
Abbildung 14: Buchtrailer zu "Todesfrist", 00:44 (Screenshot) 40
Abbildung 15: Buchtrailer zu "Todesfrist", 01:44 (Screenshot) 40
Abbildung 16: Buchtrailer zu "Todesfrist", 01:52 (Screenshot) 40
Abbildung 17: Buchtrailer zu "Verstummt", 00:07 (Screenshot)...........41
Abbildung 18: Buchtrailer zu "Verstummt", 00:12 (Screenshot)...........41
Abbildung 19: Buchtrailer zu "Verstummt", 00:30 (Screenshot)...........41
Abbildung 20: Buchtrailer zu "Verstummt", 00:37 (Screenshot)...........41
Abbildung 21: Platzierung von Buchtrailern auf amazon.de (Screenshot) 42
Abbildung 22: Platzierung von Buchtrailern auf weltbild.de (Screenshot) 43
Abbildung 23: Versuchsablauf (eigene Darstellung) 46
Abbildung 24: Trailerbetrachtung nach Webseite (eigene Darstellung)...........47
Abbildung 25: Betrachtung anderer Marketinginstrumente nach Webseite (eigene Darstellung)...........47
Abbildung 26: Trailerfensterfixation nach Webseite (eigene Darstellung) 48
Abbildung 27: Antworten zu F3: Auf welchen Webseiten haben Sie Buchtrailer bereits gesehen? (eigene Darstellung) 49

Abbildung 28: Antworten zu F10: Wie empfanden Sie die Länge der Buchtrailer? (eigene Darstellung) 50

Abbildung 29: Betrachtung des Trailers zu "Verstummt" (eigene Darstellung) 51

Abbildung 30: Betrachtung des Trailers zu "Todesfrist" (eigene Darstellung) 51

Abbildung 31: Antworten zu F11: Haben die Buchtrailer Ihr Interesse an den Büchern geweckt? (eigene Darstellung) 52

Abbildung 32: Durchschnittliche Fixationsdauern in Sekunden nach Trailer und AOIs (eigene Darstellung) 53

Abbildung 33: Durchschnittliche Fixationshäufigkeiten nach Trailer und AOIs (eigene Darstellung) 54

Abbildung 34: Durchschnittliche relative Fixationsdauer nach Trailer und AOIs (eigene Darstellung) 54

Tabellenverzeichnis

Tabelle 1: Screenshots von Beispiel-Buchtrailern der drei visuellen Formen (eigene Darstellung) 18

Tabelle 2: Buchtrailer zu "Todesfrist" von Andreas Gruber (eigene Darstellung) 40

Tabelle 3: Buchtrailer zu "Verstummt" von Karin Slaughter (eigene Darstellung) 41

Tabelle 4: Positive und negative Aussagen bzgl. der Trailer zu "Verstummt" und "Todesfrist" (eigene Darstellung) 50

Tabelle 5: Sichtbarkeit verschiedener AOIs nach Trailer (eigene Darstellung) 53

1. Einleitung

Die Buchbranche musste sich in den vergangenen Jahrhunderten weit weniger an Neuerungen anpassen als die meisten anderen Branchen – seit der Erfindung des Buchdrucks mit beweglichen Lettern blieb der Markt strukturell nahezu unverändert.[1]
Die Verbreitung des Internets und dessen Nutzung als Plattform für den Handel mit Büchern hat diese bis dato so stabile Branche in vielerlei Hinsicht erschüttert und zwingt sowohl Händler als auch Verleger zu radikalem Umdenken. Der Trend zum E-Book und Online-Buchhandel hat in den letzten Jahren kontinuierlich zugenommen. Während 2012 der Umsatz des Sortimentbuchhandels, des stationären Buchhandels, des Versandbuchhandels sowie der Warenhäuser und Buchclubs weiter sank, wuchsen die Umsätze des Internetbuchhandels um 10,4% im Vergleich zum Vorjahr.[2] Diese Entwicklung setzte sich auch im ersten Quartal des Jahres 2013 weiter fort (zwischen 5% und 8% Wachstum)[3], der Umsatz mit E-Books stieg 2012 im Vergleich zum Vorjahr um 125% auf 106 Mio. Euro.[4] Bei sinkenden Gesamtumsätzen der Buchhandelsbranche bedeutet dies letztlich eine Umsatzverlagerung vom stationären hin zum Internetbuchhandel sowie vom P-Book zum E-Book. Es ist davon auszugehen, dass sich diese Verlagerung in den nächsten Jahren fortsetzen wird.

Abgesehen vom Kauf selbst informieren sich potentielle Leser auch zunehmend im Internet über Neuerscheinungen oder Titel, von denen sie gehört haben, um einen möglichen Kauf vorzubereiten[5]. Neben seiner Distributionsfunktion spielt das Internet somit eine zentrale Rolle als Kommunikationsinstrument für den Buchhandel. Die Verbreitung von Informationen und Werbung über das Medium Internet hat rasch eine Reihe neuer Marketinginstrumente hervorgebracht; heute verfügt nahezu jeder Online-Buchhändler über eine Rezensionsfunktion, Such- und Empfehlungsalgorithmen und Leseproben („Blick ins Buch").
Ein relativ neues Instrument sind sogenannte „Buchtrailer": Kurze Videos, die beim potentiellen Käufer Interesse an einem Buch wecken sollen.

---

[1] Vgl. Picot/Janello (2007), S. 7.
[2] Vgl. Börsenblatt.net (2013).
[3] Vgl. Buchreport.de (2013).
[4] Vgl. Ebenda.
[5] Vgl. Führer (2010).

1.1. Relevanz

Der Trend, audiovisuelle Medien statt reiner Printwerbung einzusetzen, um auf Bücher und Autoren aufmerksam zu machen, zeichnete sich von Seiten der Verlage seit etwa 2006 in Deutschland ab.[6]

Zur Verbreitung und wachsenden Bekanntheit dieses neuen Instruments beigetragen haben neben dem Wettbewerb „Buchtrailer Award" des Club Bertelsmann und der Gründung der Agentur LitVideo (welche sich auf Produktion und Distribution von Trailern sowohl online als auch im stationären Buchhandel spezialisiert hatte) vor allem groß angelegte Werbekampagnen namhafter Verlage: So bewarb der Suhrkamp Verlag im Juli 2005 in einem nur vier Sekunden dauernden Fernsehspot den Roman „Zorro" von Isabel Allende. Der Spot wurde in der ARD insgesamt 41 Mal ausgestrahlt.[7] Der Trailer zu Christian Krachts Roman „Ich werde hier sein im Sonnenschein und im Schatten", der sowohl im Internet verbreitet als auch in Kinos gezeigt wurde, war wichtiger Bestandteil einer Werbekampagne des KiWi-Verlages, die als Paradebeispiel für gutes Online-Marketing gilt.[8] KiWi verzichtete sogar komplett auf Werbung in Zeitungen und Zeitschriften, sondern konzentrierte sich ganz auf die Trailerkampagne.[9]

Seit 2008 setzten Großverlage vermehrt Buchtrailer zu Werbezwecken ein, die nach und nach immer professioneller gestaltet wurden.[10] Heute wird für beinahe jeden potentiellen Spitzentitel, der in einem großen Verlag erscheint, ein Trailer produziert.[11]

Die Kosten für die Trailerproduktion können dabei sehr unterschiedlich ausfallen. Laut Wieland Freund bewegen sie sich zwischen 800 und 5000 Euro[12], Volkhard Bode spricht sogar davon, dass man für professionell erstellte Buchtrailer fünfstellige Beträge einkalkulieren müsse[13]. Dabei hängen die Kosten stark von der Länge und Machart des konkreten Trailers ab – je nachdem müssen Schauspieler und Kameraleute engagiert, Musikrechte eingekauft oder unter Umständen aufwändige Grafikelemente gestaltet werden. Abhängig davon, wo die Werbefilme dann vorgeführt werden sollen, können weitere Kosten dazukommen. Für die Ausstrahlung des Zorro-Trailers zahlte der Suhrkamp Verlag immerhin 4056 Euro pro Spot

---

[6] Vgl. Mathias (2009); Rehbein (2006), S. 38.
[7] Vgl. Ebenau (2011), S. 290.
[8] Vgl. Mathias (2009).
[9] Vgl. Berneike (2008).
[10] Vgl. Ebenau (2011), S. 292.
[11] Vgl. Führer (2010).
[12] Vgl. Freund (2008).
[13] Vgl. Bode (2008).

an die ARD[14], Kinowerbung ist in der Regel günstiger und die Verbreitung über Online-Kanäle meistens kostenlos. Nichtsdestotrotz stellen die Kosten für das neue Marketinginstrument Buchtrailer für einen Verlag normalerweise eine erhebliche Investition dar und nehmen einen signifikanten Teil der Marketingbudgets in Anspruch. Daher ist es für die Verlage relevant, die Potentiale dieses Instruments genau zu kennen, um ihre Budgets optimal planen zu können.

1.2. Forschungsstand

In der Fachliteratur und im wissenschaftlichen Diskurs hat bislang keine intensive Auseinandersetzung mit dem Thema „Buchtrailer" stattgefunden. Es existiert keine öffentlich zugängliche, wissenschaftliche Studie darüber, ob und wenn ja inwiefern Buchtrailer die Kaufbereitschaft erhöhen oder die Bekanntheit des Titels, Autors oder Verlags steigern – kurz: Ob die Investition in das neue Marketinginstrument „Buchtrailer" sich für die Verlage überhaupt lohnt.

Katharina Ebenau erwähnt in Ihrem Artikel „Als die Bücher laufen lernten …" zumindest eine empirische Untersuchung im Rahmen einer Abschlussarbeit an der Johannes Gutenberg-Universität Mainz aus dem Jahr 2009, welche die Einstellung gegenüber Buchtrailern unter den befragten Studierenden beleuchtete. Der Schwerpunkt lag dabei auf der Akzeptanz und unterschiedlichen Beurteilung verschiedener Trailer-Formen (vgl. Abbildung 8, visueller Fokus). Zudem wurde ermittelt, dass nur etwa ein Fünftel der befragten Studierenden bereits einen Buchtrailer gesehen hatte. Auf die Frage nach der grundsätzlichen Akzeptanz dieser Werbeform, äußerten sich 56% der Teilnehmer positiv.[15]

Obwohl Buchtrailer bislang im wissenschaftlichen Diskurs noch keine Beachtung fanden, werden in diversen Artikeln, die überwiegend im Internet publiziert wurden, dennoch Zahlen bezüglich ihrer Wirksamkeit auf die Buchverkäufe bzw. andere Werbeerfolgsgrößen genannt.[16] Problematisch hierbei ist jedoch, dass zumeist keine Daten über die Art der Erfas-

---

[14] Vgl. Heimann (2005), S. 28.
[15] Vgl. Ebenau (2011), S. 296.
[16] Führer (2010) benennt eine Umsatzsteigerung von 10-20% durch Trailer auf Displays im stationären Buchhandel; Stefan Mues, Geschäftsleiter New Media bei Weltbild erwähnt bei Schüssel (2010), S. 20 höhere Verkäufe im signifikant zweistelligen Bereich durch das Angebot von Zusatzcontent wie z.B. Buchtrailer; Schüssel (2010b) selbst schreibt in einem anderen Artikel, dass Buchtrailer die Verkaufszahlen „messbar nach oben" treiben; auf der Webseite von LitVideo (o.J.) wird mit Bezug auf eine von Weltbild in Auftrag gegebene Studie eine erhöhte Conversion Rate von 18% genannt, wenn multimediale Inhalte in Webseiten eingebunden werden.

sung, Versuchsdesigns oder Stichprobengrößen vorliegen. Zudem beziehen die Daten sich auf verschiedene Distributionskanäle oder es werden mehrere Marketingformen und -instrumente gemeinsam betrachtet, weshalb Aussagen zum Wirkanteil der Buchtrailer selbst nicht ohne weiteres möglich sind.

Zudem liefern solcherlei Zahlenwerte keine differenzierten Informationen, welche dazu dienen könnten, den Einsatz von Buchtrailern durch Verlage optimal zu gestalten. Es ist denkbar, dass bestimmte Arten von Trailern besser wirken als andere. Auch der Distributionskanal, der zu bewerbende Buchtitel sowie die potentielle Zielgruppe und viele weitere Faktoren könnten eine entscheidende Rolle dabei spielen, inwiefern ein Werbeerfolg eintritt. Diese Fragen wurden bisher keiner näheren Untersuchung unterzogen.

1.3. Themeneingrenzung

Die vorliegende Studie soll einen Teil dazu beitragen, diese Forschungslücke zu schließen, indem sie die Potentiale des Buchtrailers als Marketing- und insbesondere als Kommunikationsinstrument beleuchtet. Ziel ist es in erster Linie, die grundsätzliche Eignung von Trailern als Marketinginstrument einzuschätzen, ihren Mehrwert gegenüber anderen Marketinginstrumenten im Buchhandel herauszuarbeiten und in einem weiteren Schritt darauf einzugehen, unter welchen Bedingungen ihre Wirkung am besten zum Tragen kommen kann und wo (noch) Grenzen bestehen.

Dabei beschränkt die Studie sich auf die Werbung für Publikationen von Publikumsverlagen. Wissenschaftliche Verlage und Fachverlage werden nicht berücksichtigt, da diese ihre potentiellen Kunden in der Regel auf andere Weise und mittels anderer Strategien erreichen (Pull-Marketing, Direktansprache, Multiplikatoren) als Publikumsverlage, die sich häufiger der Massenmedien bedienen, um eine tendenziell unspezifische Zielgruppe anzusprechen und ihre Titel stärker im Buchhandel präsentieren müssen (Push-Marketing), um Aufmerksamkeit zu erzeugen. Eine adressmäßige Ermittlung konkreter Interessenten ist hierbei im Unterschied zum wissenschaftlichen Verlag kaum möglich.[17] Da die Marketingstrategien beider Verlagstypen sehr unterschiedlich sind, muss die Eignung von Buchtrailern als Marketinginstrument für beide Typen gesondert betrachtet werden. Aufgrund der Tatsache, dass Fachverlage

---

[17] Vgl. Harrassowitz (1989), S. 84f.

Trailer bislang kaum nutzen, erscheint die Konzentration auf Publikumsverlage als sinnvoll, da die Ergebnisse für die Praxis relevanter sind.

Weiterhin nicht Gegenstand dieser Untersuchung sind inhaltlich tiefergehende bzw. künstlerische Aspekte bei der Umsetzung eines Buchtrailers. Die konkrete inhaltliche Ausgestaltung eines Trailers, die Funktionsweise einzelner Elemente und deren künstlerische Bewertung wären eher geeignet, Gegenstand einer filmwissenschaftlichen Untersuchung zu sein. Momentan besteht eine sehr große inhaltliche Bandbreite bezüglich dessen, was Buchtrailer enthalten. Die Verlage experimentieren mit unterschiedlichsten Stilmitteln und Herangehensweisen, eine „Standardform" hat sich noch nicht entwickelt und wird sich vermutlich auch in absehbarer Zeit nicht entwickeln, da die Aufmerksamkeit der Zuschauer am ehesten durch Unerwartetes geweckt wird.[18] Somit ist es nicht zielführend, von konkreten Inhalten auf das Marketingpotential schließen zu wollen, da inhaltlich sehr unterschiede Trailer alle auf ihre jeweilige Art erfolgreich sein können. Daher beschränkt diese Studie sich auf eine grobe Untergliederung der Ausgestaltung von Trailern und deren Einschätzung bezüglich ihrer Eignung in der Kundenansprache.

Weiterhin fokussiert dieses Buch sich auf Buchtrailer im Online-Buchhandel. Buchtrailer werden darüber hinaus auch in einigen anderen Bereichen eingesetzt – wie bereits erwähnt werden sie (seltener) im TV oder Kino ausgestrahlt. Weitere Möglichkeiten sind die Ausstrahlung direkt in den stationären Buchhandlungen auf kleinen Monitoren (üblicherweise ohne Ton)[19] oder die Ausstrahlung auf Bildschirmen in öffentlichen Verkehrsmitteln.[20] Auch Vertreter können sie einsetzen, um Händler für die entsprechenden Titel zu begeistern.[21] Dennoch sind diese anderen Einsatzgebiete nach wie vor eher die Ausnahme – die große Mehrheit an Buchtrailern wird ausschließlich über das Internet verbreitet und wahrgenommen.

Besonders für kleinere bzw. finanzschwächere Verlage ist hier die Hemmschwelle deutlich niedriger, da die Verbreitung sehr einfach und fast immer kostenlos ist. Die Konzentration auf den Online-Buchhandel erfolgt somit ebenfalls aus Relevanzgründen. Andere Einsatzgebiete müssten gesondert untersucht werden.

---

[18] Vgl. Vogel (2011), S. 299.
[19] Vgl. Reinke (2009), S. 26.
[20] Vgl. Rehbein (2006), S. 38.
[21] Vgl. Koeffler (2009), S. 81.

1.4. Aufbau und Ziele der Untersuchung

Im Mittelpunkt dieser Untersuchung steht ein Forschungsversuch, in welchem Eye-Tracking als Instrument der Beobachtung mit einer anschließenden Befragung der Testpersonen verbunden wird. Ziel ist es unter anderem, herauszufinden, ob und wenn ja unter welchen Voraussetzungen potentielle Buchkäufer Trailer in ihre Kaufentscheidung überhaupt einbeziehen, was eine Grundvoraussetzung ist, damit Trailer als Werbeinstrumente wirken können. Der Vorteil des Eye-Trackings gegenüber einer reinen Befragungsmethode liegt darin begründet, dass allein durch Fragen zum Thema Buchtrailer bereits die Aufmerksamkeit der Testpersonen auf dieses Thema gelenkt werden würde, d.h. ihr Involvement würde von vornherein erhöht.[22] Bei der für diese Untersuchung verwendeten Versuchsanordnung hingegen ist den Teilnehmern nicht transparent, worum es in dem Versuch geht, wodurch eine annähernd natürliche Verhaltensweise sichergestellt werden soll. Die anschließende Befragung ist notwendig, um die mittels Eye-Tracking erhobenen Daten in einen sinnvollen Kontext bringen zu können, da die Messdaten allein häufig verschiedene mögliche Interpretationen zulassen. Zudem werden in dem Versuch zwei ausgewählte Buchtrailer beispielhaft bestimmte Eigenschaften und Elemente von Buchtrailern repräsentieren. Der Versuch soll zeigen, was von den Teilnehmern positiv oder negativ wahrgenommen wird und welcher Buchtrailer ihre Aufmerksamkeit eher auf die relevanten zu vermittelnden Fakten (Buchtitel, Autor, Verlag) lenkt.

Um die Frage nach der Eignung von Buchtrailern als Marketinginstrument zu beantworten, wird zunächst dargelegt werden, was konkret unter dem Begriff „Buchtrailer" zu verstehen ist und inwiefern diese sich von anderen Videos unterscheiden, welche von Verlagen zu Werbezwecken eingesetzt werden. Zudem erfolgt eine grobe Gliederung der verschiedenen Arten von Buchtrailern nach inhaltlichen Gesichtspunkten.

In einem nächsten Schritt wird die prinzipielle Eignung von Buchtrailern als Werbeinstrument im Online-Buchhandel auf theoretischer Ebene untersucht. Hierzu werden die Besonderheiten multimedialer Werbeinstrumente im Vergleich zu Printmedien aufgezeigt, die Akzeptanz des Instruments Online-Video-Werbung im Vergleich zu anderen Online-Werbeformen dargestellt sowie auf Verbreitungskanäle und deren Vor- und Nachteile eingegangen.

Schließlich wird im Hauptteil der des Buches der durchgeführte Forschungsversuch dargestellt und reflektiert. Mit der konkreten Versuchsanordnung sollen zusätzliche Informationen

---

[22] Vgl. Berghaus (2005), S. 94.

erhoben werden, die über die rein theoretische Betrachtung des Problems hinausgehen. Zunächst werden die forschungsleitenden Fragestellungen und Hypothesen benannt und, wenn möglich, quantifiziert. Das Verfahren des Eye-Trackings sowie dessen Besonderheiten, Vor- und Nachteile werden dargestellt, um die darauffolgende Studie und deren Untersuchungsergebnisse besser einordnen zu können. Schließlich wird der Versuchsaufbau (inkl. Stichprobenauswahl, Ablauf und Besonderheiten) erläutert und die Ergebnisse des Versuchs ausgewertet. Die anschließende Diskussion ordnet diese Ergebnisse in den bisherigen Forschungskontext und trifft Aussagen bezüglich wissenschaftlicher Gütekriterien und Einschränkungen der Aussagekraft der Ergebnisse. In einem Fazit werden die Ergebnisse sowohl der theoretischen Annäherung als auch des Versuchs zusammengeführt und zu Handlungsempfehlungen verdichtet.

Dieses Buch soll einen Teil dazu beitragen, Verlagen die Entscheidung zu erleichtern, ob für bestimmte Publikationen die Trailerproduktion sinnvoll ist, und was bei der späteren Verbreitung der Trailer beachtet werden sollte, indem die Verlage ihre Marketingziele und die besonderen Eigenschaften der Publikation mit den dargestellten Erkenntnissen, den Potentialen, aber auch den Grenzen von Buchtrailern als Marketinginstrument, abgleichen.

2. Begriffsabgrenzung und Systematik

Obwohl der Begriff „Buchtrailer" (im Englischen „book trailer", häufig als Synonym auch „book video") in den letzten Jahren innerhalb der Branche bekannt geworden ist und sich verbreitet hat, versteht längst nicht jeder, der ihn verwendet, das gleiche darunter. So werden teilweise sämtliche Videos, welche Autoren und Verlage zu Marketingzwecken einsetzen, als Buchtrailer bezeichnet: „Buchtrailer kommen als Clips daher, als Lesungsvideos, als Autorenporträts oder -interviews (…). Nina Reddemann schwört auf den ‚Mehrwert' Hintergrundinformation, Oliver Preusche von Plankton spricht von ‚kurzen Büchersendungen'"[23] – was letztlich impliziert, dass auch längere Videos mit ausführlichen Beiträgen als Buchtrailer zu bezeichnen wären.
Auch Clover-English zählt Lesungsvideos und Interviews mit Autoren zu den „book videos": „The term ‚book video' can be used to describe any type of visual synopsis for a book."[24] Unter „book trailern" dagegen versteht sie nur solche Werbefilme, die mit Schauspielern gedreht wurden: „Book trailers® use scenes from the book with live actors. These are primarily professionally made, and involve full production crews."[25]
Andererseits lässt beispielsweise die Agentur LitVideo, welche sich auf die Produktion und Distribution von Trailern spezialisiert hat, für ihre Datenbank nur Trailer mit einer Maximallänge von 2 Minuten zu.[26] Der diplomierte Filmregisseur und Drehbuchautor Milan Pawlowski erachtet eine Länge zwischen 30 Sekunden und maximal anderthalb Minuten als optimal – kaum genug Zeit, um Hintergrundinformationen darzustellen.[27]
Für die vorliegende Untersuchung ist eine klare Definition des Begriffes sowie dessen Abgrenzung von ähnlichen Begriffen von Bedeutung und soll im Folgenden vorgenommen werden.

2.1. Ursprung Filmtrailer

Um eine zielführende Definition zu finden, welche den Begriff für diese Untersuchung festlegt und auf deren Basis argumentiert werden kann, erscheint es sinnvoll, zu den begrifflichen

---

[23] Vgl. Freund (2008).
[24] Clover-English (2008), S.15.
[25] Ebenda.
[26] Vgl. Anhang 4: E-Mai-Kontakt LitVideo.
[27] Vgl. Kult-Literaten (2013).

Grundlagen zurückzugehen und zunächst zu betrachten, woher das Wort „Trailer" ursprünglich kommt und wie seine Bedeutung in Bezug auf die Nutzung zu Werbezwecken für Bücher abgewandelt werden kann.

Der Begriff „Trailer" stammt ursprünglich aus der Filmindustrie und wurde dann für den Buchmarkt sowie andere Märkte adaptiert. Godlewsky definiert ihn folgendermaßen:

> „Trailer (engl. „Endstreifen", „Vorschau") meinte früher eine nach dem Hauptfilm im Kino gezeigte, kurze Sequenz von ausgewählten Szenen eines anderen Films, um diesen vorzustellen und beim Zuschauer Neugierde zu wecken. Heute werden Trailer in der Regel vor dem Kinofilm oder im Werbeblock untergebracht. (…)"[28]

Schwerpunkt dieser Definition ist, dass der Trailer aus Szenen des beworbenen Films besteht und Neugier erzeugen soll. Hierbei wird zwar das Merkmal „kurze Sequenz" erwähnt, jedoch nicht näher darauf eingegangen, welche Zeitspanne unter „kurz" zu verstehen ist. In der Regel gilt eine Maximallänge von 3 Minuten bei Filmtrailern als üblich.[29]

Hediger geht in seiner Definition noch stärker auf die Inhalte des Filmtrailers ein:

> „Unter einem Trailer versteht man einen Werbefilm, der unter Verwendung von Ausschnitten, Texteinblendungen, graphischen Elementen, Sprecherstimmen, Musik und Toneffekten die bevorstehende Kinovorführung eines Films ankündigt."[30]

Hier stehen die verschiedenen Elemente und Stilmittel im Vordergrund, welche miteinander kombiniert werden, um einen Werbeeffekt zu erzielen.

Klaasen wiederum betont, dass Trailer im Unterschied zu sonstigen Werbefilmen über die Werbebotschaft hinaus selbst einen Unterhaltungswert besitzen und daher vom Publikum gerne angesehen werden. Der Trailer selbst ist eine Form des narrativen Films.[31]

Anhand dieser vorliegenden Definitionen können bestimmte Arten von Filmen aus der Begrifflichkeit „Trailer" ausgeschlossen werden: Making-of-Videos oder Interviews mit Schauspielern und/oder Regisseuren, wie sie häufig als Bonusmaterial auf DVD-Veröffentlichungen zu finden sind, erfüllen weder das Kriterium der Kürze noch bestehen sie aus Szenen des eigentlichen Films. Auch die Rasanz der Bilder ist hier nicht gegeben. Ähnlich verhält es sich

---

[28] Godlewsky (2008), S. 405.
[29] Vgl. FILMZ (2013), S. 2.
[30] Hediger (2005), S. 272.
[31] Vgl. Klaasen (1997), S. 219.

mit Videoclips, in denen Zuschauer ihre Meinung über einen Film darlegen (Videorezensionen) oder Zusatzcontent (geschnittene Szenen).

Zusammenfassend kann festgehalten werden, dass die wesentlichen Merkmale des Filmtrailers sind:
- hat den Zweck, einen Film zu bewerben
- verwendet Text-, Ton- sowie ggf. graphische Elemente
- ist kurz (maximale Länge von 3 Minuten)
- besitzt über die Werbebotschaft hinaus einen eigenen Unterhaltungswert
- besteht aus Szenen des zu bewerbenden Films

2.2. Definition „Buchtrailer"

Nachdem die wichtigsten Charakteristika eines Trailers im Rahmen der Filmbranche dargestellt wurden, muss nun in einem zweiten Schritt geprüft werden, inwiefern diese Merkmale auf Buchtrailer übertragbar sind oder abgewandelt werden müssen, da das Medium Buch andere Eigenschaften besitzt als das Medium Film.

Das erste Merkmal ist der Werbezweck. Dies lässt sich eins zu eins auf den Buchtrailer übertragen. Auch dieser soll den potentiellen Käufer neugierig auf das Buch machen und ihn dazu animieren, dieses zu kaufen bzw. sich weitere Informationen dazu einzuholen. Um diesen Zweck zu erfüllen, sollte im Trailer mindestens der Titel des beworbenen Buches sowie dessen Autor Erwähnung finden. Meist wird zwecks Wiedererkennung auch das Covere eingeblendet.
Auch verschiedene Elemente und Stilmittel, wie beispielsweise sich bewegende Schriftzüge, Sprecherstimmen (Voice-Over), Übergangseffekte, Farbfilter und Musik werden momentan häufig in Buchtrailern eingesetzt, wobei die konkrete Ausgestaltung sehr unterschiedlich ausfällt und sich bislang keine ähnlich festen Muster herausgebildet haben wie dies bei Filmtrailern der Fall ist.
Die Kürze kann ebenfalls aus der Definition des Filmtrailer übernommen werden, ebenso der Unterhaltungswert des Trailers an sich, der bei Buchtrailern zumindest angestrebt wird (ob er tatsächlich vorhanden ist hängt wiederum von der Qualität und dem konkreten Inhalt des Trailers ab).

Der größte Unterschied zwischen Buch- und Filmtrailer besteht darin, dass der Filmtrailer Ausschnitte des Werkes selbst verwendet, was beim Buchtrailer nicht zwingend der Fall ist. Zwar existieren durchaus Buchtrailer, welche wörtliche Zitate aus dem beworbenen Buch grafisch umsetzen, wie beispielsweise der Trailer zu „Dumm sterben" von Brandon Walder, jedoch ist dies nur eine von vielen Umsetzungsmöglichkeiten (vgl. Punkt 2.4) und bietet sich nicht für jeden Titel an.

Somit ergibt sich für diese Untersuchung folgende Definition des Begriffes Buchtrailer, welche Grundlage der folgenden Ausführungen ist:

„Unter einem Buchtrailer versteht man einen kurzen[32] Videoclip, welcher meist im Auftrag eines Verlags produziert wird und der unter Verwendung verschiedener Stilmittel – Bilder, Animationen oder gedrehter Szenen, Text- und Toneinblendungen, Sprecherstimmen und/oder Musik – den Inhalt eines Buchtitels visualisiert und bei potentiellen Interessenten Neugier auf diesen Titel erzeugen soll. Die Verbreitung erfolgt im Internet, Fernsehen, Kino oder auf Displays im stationären Buchhandel."

Diese Definition schließt einige Formen von Videos aus, welche in der Öffentlichkeit als Buchtrailer bezeichnet und verstanden werden. So wird beispielsweise in den LitVideo-Buchtrailer-Charts 2013[33] auf Platz 2 ein Video zum Buch „Herzlichen Glückwunsch, Sie haben gewonnen!" von Dora Heldt[34] gelistet, in welchem die Autorin selbst lediglich den Inhalt des Buches kurz widergibt.

Dies entspricht nicht dem dieser Untersuchung zugrunde liegenden Begriff des Buchtrailers, sondern lässt sich vielmehr als Autorenspot (vgl. Punkt 2.3) kategorisieren. Auch Videos, welche ausschließlich einen Zusammenschnitt aus Lesermeinungen oder einen Teil einer aufgezeichneten Buchlesung enthalten, werden im Sinne der oben genannten Definition nicht als Buchtrailer betrachtet.

---

[32] Eine Maximallänge von 3 Minuten wird empfohlen, da diese auch für Filmtrailer üblich ist.
[33] Vgl. LitVideo (2013).
[34] Vgl. Buchtrailer zu "Herzlichen Glückwunsch, Sie haben gewonnen!" von Dora Heldt.

2.3. Videos im Buchhandel – eine Systematik

Wie auf Seite 7 erwähnt, zählen manche Autoren auch Videos von Autorenlesungen oder Interviews mit dem Autor zu dem Begriff Buchtrailer. Da dieses Verständnis in der vorliegenden Untersuchung nicht geteilt wird, soll eine systematische Darstellung der im Buchhandel verwendeten Videofilme die Unterschiede in Bezug auf den Inhalt, aber auch in Bezug auf die beabsichtigte Wirkung des entsprechenden Videos verdeutlichen.
Dies soll eine klare Abgrenzung des Buchtrailers von anderen im Buchhandel eingesetzten Filmarten ermöglichen.

Stefanie Rudloff befasste sich in ihrer Diplomarbeit von 2009 mit dem Thema „Filme als Instrument der Endkundenansprache im Marketingmix von Publikumsverlagen"[35] und entwickelte eine Gliederung der verschiedenen Filmarten, welche im Buchhandel und Verlagswesen zum Einsatz kommen. Rudloff unterscheidet Filme in der Buchbranche grundlegend in zwei Kategorien: Zum einen die sogenannten Hintergrundfilme, zum anderen die Werbespots, zu denen auch Buchtrailer gezählt werden (siehe Abbildung 1).

Als Kriterium für diese Unterscheidung nutzt Rudloff den Inhalt, die Länge sowie den Zweck der Videos: Werbespots nützen vorwiegend der kurzfristigen Absatzsteigerung des Buchtitels – ihr Ziel ist es, direkt die Kaufentscheidung des potentiellen Käufers zu beeinflussen – und gehen in ihren Inhalten nicht oder nur wenig über den Klappentext hinaus. Hingegen sollen Hintergrundfilme durch tiefergehende Informationen bzw. einem „Blick hinter die Kulissen" im Rahmen längerer Videos stärker der Markenbildung des Autors und/oder Titels dienen. Hintergrundfilme können somit auch für diejenigen Rezipienten interessant sein, welche das entsprechende Buch bereits gelesen haben.[36]

Sowohl für Hintergrundfilme als auch für Werbespots nimmt Rudloff weitere Unterteilungen vor, die sich jeweils danach richten, ob der Fokus des Videos eher auf dem Autor, dem konkreten Titel oder dem Verlag respektive den Lesern liegt. Der Buchtrailer wird im Rahmen dieser Systematik als Werbespot verstanden, welcher auf den Buchtitel fokussiert.[37]

---

[35] Vgl. Rudloff (2009).
[36] Vgl. Rudloff (2009), S. 16ff.
[37] Vgl. Rudloff (2009), S. 14.

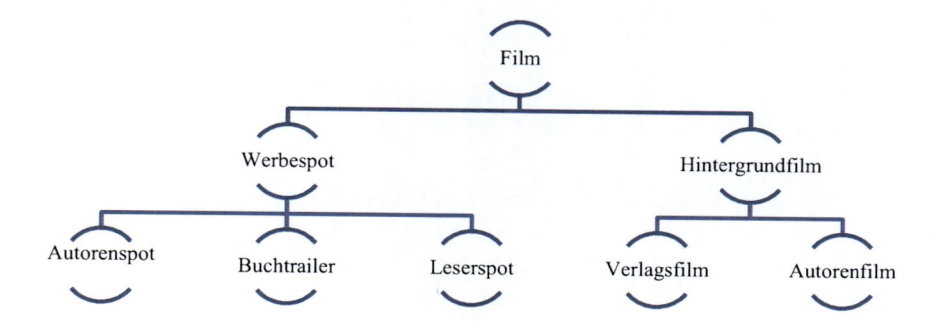

```
                    Film
          ┌──────────┴──────────┐
       Werbespot            Hintergrundfilm
    ┌─────┼─────┐             ┌─────┴─────┐
Autorenspot Buchtrailer Leserspot   Verlagsfilm  Autorenfilm
```

Abbildung 1: Systematik der in der Buchbranche eingesetzten Filmarten (nach Rudloff (2009), S. 14.)

2.4. Gliederung von Buchtrailerformen

Obwohl sich bislang im Bereich Buchtrailer noch keine ähnlich einheitliche Ästhetik herausgebildet hat wie dies bei Filmtrailern der Fall ist, sind gewisse Ähnlichkeiten, aber auch Unterschiede in der Gestaltung bisher produzierter Buchtrailer deutlich erkennbar und ermöglichen eine grobe Gliederung.

Katharina Ebenau unterscheidet in einem Aufsatz von 2011 drei Formen von Buchtrailern:

> „Buchtrailer, die animierte Schrift verwenden, Buchtrailer, die mit animierten Bildern gestaltet sind und Buchtrailer, bei denen Spielszenen mit Schauspielern verwendet werden, die also am meisten an einen Kinotrailer – und damit auch an amerikanische book trailer – erinnern."[38]

In Deutschland überwiegen momentan noch die text- und bildlastigen Trailer. Während in den USA die meisten Buchtrailer mit Schauspielern – ähnlich Filmtrailern – gedreht werden, ist dies in Deutschland momentan noch die Ausnahme.

Tabelle 1 zeigt Screenshots von ausgewählten Trailern, welche die drei von Katharina Ebenau unterschiedenen Buchtrailerformen repräsentieren sollen. Allein an diesen Beispielen lässt sich zeigen, wie unterschiedlich selbst die verschiedenen Trailer innerhalb einer Form gestaltet sein können.

---

[38] Ebenau (2011), S. 293.

 Abbildung 2: Buchtrailer zu "Dumm sterben" von Brandon Walder (Screenshot)	 Abbildung 3: Buchtrailer zu "Dinge geregelt kriegen" von Sascha Lobo und Kathrin Passig (Screenshot)
 Abbildung 4: Buchtrailer zu "Ich werde hier sein im Sonnenschein und im Schatten" von Christian Kracht (Screenshot)	 Abbildung 5: Buchtrailer zu "Er ist wieder da" von Timur Vermes (Screenshot)
 Abbildung 6: Buchtrailer zu "Böser Wolf" von Nele Neuhaus (Screenshot)	 Abbildung 7: Buchtrailer zu "5 Tage Liebe" von Adriana Popescu (Screenshot)

Tabelle 1: Screenshots von Beispiel-Buchtrailern der drei visuellen Formen (eigene Darstellung)

Abbildung 2 und Abbildung 3 zeigen Screenshots von zwei typischen Text-Trailern. Beide setzen die entsprechenden Texte in lautmalerischer Weise grafisch um, „spielen" mit dem Klang der Worte und wechseln die Perspektive innerhalb der Sätze. Allerdings wird in „Dumm sterben" ein Auszug aus dem Roman selbst bildhaft umgesetzt, während in „Dinge geregelt kriegen" ein humorvoller Aufhänger gewählt wird, welcher zum eigentlichen Thema des Buches hinleitet.

Die Screenshots von Abbildung 4 und Abbildung 5 zeigen typische Bild-/Animations-Trailer. Bei diesen Trailern soll über die bildliche Ebene die Atmosphäre des Buches an den Rezipienten übermittelt werden. Diese Trailer geben meist wenig konkrete Informationen an den Zuschauer weiter, vermitteln aber ein Gefühl dafür, um was für eine Art von Buch es sich handelt.

So wird im Trailer zu „Ich werde hier sein im Sonnenschein und im Schatten" durch stark stilisierte Animationen und Umrisse vor dunklen Hintergründen eine bedrohliche und bedrückende Stimmung aufgebaut, während der Trailer zu „Er ist wieder da" einen stilisierten Hitlerkopf mit verschiedenen Bärten bekannter Geistesgrößen kombiniert und eine angedeutete Hitlerstimme dies kommentiert. Der parodistische bzw. humorvolle Inhalt wird hier im Trailer deutlich widergespiegelt.

Abbildung 6 und 7 zeigen Screenshots von Schauspiel-Trailern. Diese Form von Trailern ist den klassischen Filmtrailern am ähnlichsten. Es wird mit Schauspielern gedreht und anschließend die Szenen mit verschiedenen cineastischen Effekten bearbeitet und zusammengeschnitten.

Auch hier zeigen sich deutliche Unterschiede: Während einige dieser Trailer, wie beispielsweise der zu „Böser Wolf", Geschehnisse aus dem Buch lediglich andeuten und keine Gesichter der Figuren zeigen (ein häufig geäußerter Kritikpunkt ist, dass dies die Fantasie beim Lesen beeinträchtigen würde), werden bei anderen, wie dem Trailer zu „5 Tage Liebe" konkrete Szenen aus dem Buch nachgespielt. Hier ist die Ähnlichkeit zum Filmtrailer am größten.

Die Gliederung von Katharina Ebenau umfasst jedoch nur einen Aspekt des Buchtrailers: Die visuelle Gestaltung. Hinzu kommt jedoch bei nahezu jedem Trailer eine weitere Ebene, nämlich die der akustischen Gestaltung. Hierzu soll eine weitere Gliederung ergänzt werden.

In einigen Trailern werden die gezeigten Bilder und/oder Texte durch passende Geräusche untermalt. Im Trailer zu „Dumm sterben" beispielsweise folgt auf das Wort „Wasserohre" das Geräusch eines herabfallenden Tropfens, auf das Wort „Tastaturtippgeräusche" folgen eben diese, auf das Wort „Nagen" ein nagendes Geräusch. Eine ähnliche Untermalung ist für verschiedene Settings denkbar: Das Rascheln von Papier beim Blättern in Buchseiten, das Knacken von Holz oder Vogelgeräusche bei Aufnahmen in Wäldern.

Eine weitere typische Form der akustischen Untermalung ist Musik. Diese wird auch in Filmtrailern typischerweise eingesetzt, um Emotionen zu transportieren und/oder Spannung aufzubauen. Der Trailer zu „5 Tage Liebe" wird beispielsweise durch sanfte Gitarrenklänge untermalt, was das romantische Flair der Geschichte auf den Zuschauer überträgt.

Die dritte akustische Form ist das Voice-Over. Hierbei spricht eine Stimme entweder den optisch dargestellten Text mit oder gibt anderweitig Informationen über den Buchtitel. Es ist auch denkbar, dass die Stimme aus dem Off einer Figur aus dem zu bewerbenden Buch gehört, welche die Geschehnisse aus ihrer Sicht schildert.

Die Gliederung nach visuellem und akustischem Fokus ist in Abbildung 2 zusammengefasst.

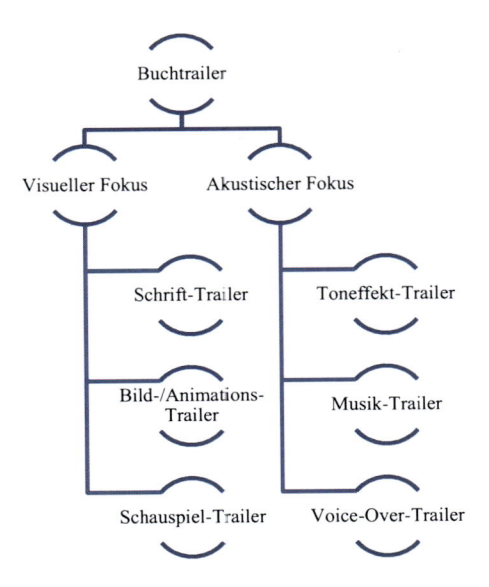

```
                    Buchtrailer
                   /          \
          Visueller Fokus    Akustischer Fokus
           |                   |
      Schrift-Trailer      Toneffekt-Trailer
           |                   |
      Bild-/Animations-    Musik-Trailer
         Trailer
           |                   |
      Schauspiel-Trailer   Voice-Over-Trailer
```

Abbildung 8: Formen von Buchtrailern nach visuellem und akustischem Fokus (eigene Darstellung in Anlehnung an Ebenau (2008), S. 293.)

Jeder Trailer stellt letztlich eine Kombination von einer der visuellen Formen mit einer der akustischen Formen dar. So ist beispielsweise der Trailer zu „Ich werde hier sein im Sonnenschein und im Schatten" ein Bild-/Animations-Trailer mit Voice-Over.

Häufig kommt es jedoch auch vor, dass sich Trailer nicht eindeutig einer der drei dargestellten visuellen oder akustischen Formen zuordnen lässt. Meistens werden die Elemente mehrerer Formen miteinander kombiniert, wobei dennoch ein gewisser Schwerpunkt feststellbar ist, der den Trailer eher in die eine oder die andere Kategorie ordnet. So wird beispielsweise im Trailer zu „Dumm sterben" das vordergründige Voice-Over, welches den eingeblendeten Text beinhaltet, durch Toneffekte ergänzt.

3. Potentiale von Video-Marketing

Buchtrailer im Internet zu veröffentlichen ist eine Form von Video-Marketing im Netz. Nachfolgend sollen die Potentiale dieser relativ neuen Werbeform, die Besonderheiten des Buchtrailers innerhalb der Online-Video-Werbung sowie die Verbreitungsmöglichkeiten über verschiedene Kanäle und die Merkmale der potentiellen Rezipienten dargestellt werden.

3.1. Aufmerksamkeit und Verarbeitung

Die bereits in der Einleitung genannten wichtigsten Werbeinstrumente im Online-Buchhandel sind neben der Preisdarstellung hauptsächlich die Informationen zu Buch und Autor (Klappentext, Autorenvita), der „Blick ins Buch" (Leseproben), die Coverabbildung sowie Rezensionen und Empfehlungsfunktionen. Alle diese Instrumente könnten so oder in ähnlicher Form auch in einem Printmedium vorkommen – sie bestehen aus Text- bzw. Bildelementen und benötigen die zusätzlichen Möglichkeiten des Mediums Internet nicht zwingend.

Zwischen Werbespots und diesen Instrumenten besteht der grundlegende Unterschied, dass der Werbespot in der Regel durch akustische Elemente ergänzt wird. Es werden Bild und Text in Verbindung mit einer Tonebene gezeigt, wodurch beim Rezipienten zwei Sinne gleichzeitig (Auge und Ohr) angesprochen werden. Ein Spot verfügt somit über mehr Reize als die übrigen Werbeinstrumente im Online-Buchhandel und kann dadurch Erinnerungsmöglichkeiten auf zusätzlichen Ebenen schaffen sowie eine höhere Aufmerksamkeit beim Kunden erzeugen.[39] Lindstrom legt dar, dass aus neuro-wissenschaftlicher Perspektive Werbeinstrumente stärker auf den Kunden einwirken, wenn diese mehrere Sinne gleichzeitig ansprechen („Multisensory Enhancement").[40]

Dabei werden nicht nur die Reizsignale der beiden Sinneseindrücke addiert, sondern es kommt zu einer wechselseitigen Verstärkung und somit zu einer Potenzierung der Wirkung. Dieses Phänomen wird als multisensorische Verstärkung bezeichnet. Das Gehirn verarbeitet die gleiche Botschaft bis zu 10-fach intensiver („Superadditivität"[41]), wenn sie über mehrere

---

[39] Vgl. Salcher (1995), S. 290.
[40] Vgl. Lindstrom (2008), S. 161.
[41] Lindstrom (2008), S. 169.

Sinne gleichzeitig übermittelt wird,[42] allerdings nur dann, wenn die einzelnen wahrgenommenen Reize eine Kongruenz aufweisen, also zueinander passen und sich nicht widersprechen.[43] Untersuchungen des Neuromarketings sowie der Neuroökonomie konnten zeigen, dass das menschliche Gehirn automatisch multisensorisch arbeitet, dass die fünf Sinne demnach eng miteinander gekoppelt sind und sich wechselseitig beeinflussen.[44] Diese Zusammenarbeit der Sinne spielt sich hauptsächlich in älteren und tieferliegenden Hirnstrukturen wie dem Hippocampus und der Amygdala (Mandelkern) ab und entzieht sich somit zu großen Teilen der bewussten Wahrnehmung.[45]

Ein weiterer entscheidender Unterschied zwischen Werbespots und den übrigen, oben genannten Instrumenten ist, dass Buchtrailer – ebenso wie Filmtrailer – überwiegend keine statischen, sondern bewegte Bilder zeigen.
Die Aufmerksamkeit potentieller Kunden ist für Unternehmen von großem Wert; allerdings ist sie durch immer mehr Werbung im Alltag auch schwieriger zu wecken. Um sie zu erregen, gibt es verschiedene Möglichkeiten. Eine davon besteht darin, die Aufmerksamkeit durch abwechselnde Reize immer wieder neu zu gewinnen bzw. zu halten (Vgl. Pfänder, 1994, S. 11) und diese Methode wird insbesondere bei Trailern eingesetzt. Hediger formuliert:

> „Trailer weisen darüber hinaus eine hohe Reizdichte auf, sie arbeiten mit starken formalen und semantischen Kontrasten, und sie setzen Mittel der Stimmungserzeugung wie Musik in gezielter Weise ein. Sie bewirken damit Erregungszustände, emotionale Reaktionen und Stimmungen, die auf ihre Weise jeweils der Informationsverarbeitung zuträglich sind."[46]

Den Aspekt der hohen Reizdichte erwähnt auch Rainer Winter, der den Trailer mit einem Musik-Videoclip vergleicht und dies mit der in beiden Medien vorkommenden „Rasanz der Bilder" sowie schnellen Schnitten begründet.[47]
Visuelle Reize werden vom Auge automatisch wahrgenommen. Reizwechsel und Bewegungen ziehen schon die Aufmerksamkeit von Säuglingen auf sich. Ihr Ausbleiben, etwa bei lange eingeblendeten, statischen Bildern, kann zu Langeweile führen.

---

[42] Vgl. multisense (o.J.).
[43] Vgl. Lindstrom (2008), S. 169.
[44] Vgl. Ebenda, S. 166f.
[45] Vgl. Weining (2009), S. 72.
[46] Hediger (2001), S. 230f.
[47] Vgl. Winter (2002), S. 210.

Eine hohe Schnittfrequenz und Bewegungsreize steigern die Aufmerksamkeit beim Zuschauer und werden als angenehm empfunden.[48] Kerstan konnte nachweisen, dass eine Abfolge kurzer Schnittfrequenzen den Blutdruck beim Rezipienten merklich ansteigen lässt.[49] Andererseits können solche Reizwechsel, wenn sie zu häufig und stark eingesetzt werden, auch die Informationsaufnahme und -verarbeitung behindern.

3.2. Akzeptanz und Wirkung von Online-Videowerbung

Ein wichtiger Faktor, um das Potential von Buchtrailern als Werbeinstrumente im Online-Buchhandel einschätzen zu können, ist die Frage, inwiefern Internetnutzer Werbespots beim Surfen zur Kenntnis nehmen und inwiefern sie diese als eher störend oder weniger störend empfinden. Ein Werbemittel, welches beim Rezipienten auf wenig Akzeptanz stößt, kann im Internet leicht übersehen bzw. weg geklickt werden. Aufgrund einer generellen Tendenz zur Reizüberflutung und/oder Informationsüberlastung und dem mittlerweile hohen Werbeanteil auf fast allen Internetseiten wird es immer schwieriger, die Aufmerksamkeit der Rezipienten zu gewinnen und zu halten,[50] und immer mehr Werbung wird überhaupt nicht wahrgenommen.[51]

Die Studie „Bewegung im Netz" von 2009 untersuchte die Wirksamkeit sowie die Akzeptanz von Online-Video-Werbung mittels einer Online-Befragung von 5000 Personen, die über einen Breitbandanschluss und somit über die technischen Voraussetzungen zur Rezeption von Online-Videos verfügten.
Etwa die Hälfte der Befragten nutzte mehrmals wöchentlich Video-Content im Internet.[52] Dabei galt das größte Interesse Filmclips/Trailern (76%) sowie Musikvideos (73%), welche von den Usern nicht explizit als Werbefilme wahrgenommen werden (für Werbefilme bekundeten lediglich 22% der Befragten Interesse), sondern aufgrund ihres kreativen sowie humorvollen Inhalts bevorzugt werden.[53] Auch wenn der Fokus des Begriffes „Trailer" bei dieser Befragung eindeutig auf Filmtrailern lag, können gut gemachte Buchtrailer an die Beliebtheit von Filmtrailern und Musikvideos anknüpfen, da sie ähnliche Elemente enthalten, ähnlich

---

[48] Vgl. Müller (2003), S. 73.
[49] Vgl. Kerstan (2002), S. 22f.
[50] Vgl. Kreutzer (2009), S. 16.
[51] Vgl. VDZ Verband Deutscher Zeitschriftenverleger (2007), S. 11.
[52] Vgl. Forschungsgemeinschaft neue Medien e.V. (2009), S. 10.
[53] Vgl. Ebenda, S. 12.

kurz sind und ebenso Raum für Kreativität und Humor lassen. Potentiell kann das Interesse der Rezipienten an (gut gemachten) Buchtrailern somit als hoch eingestuft werden.

Im Vergleich zu anderen Online-Werbeformen schnitt Videowerbung in der Studie sehr gut ab: So fühlte sich etwa die Hälfte der Befragten von dieser Werbeform nicht oder nur wenig gestört, lediglich 12% gaben an, sich sehr gestört zu fühlen. Dagegen gaben für Pop-Up-Werbung und Layerwerbung 60% der Befragten an, sich dadurch sehr gestört zu fühlen (vgl. Abbildung 9).[54]

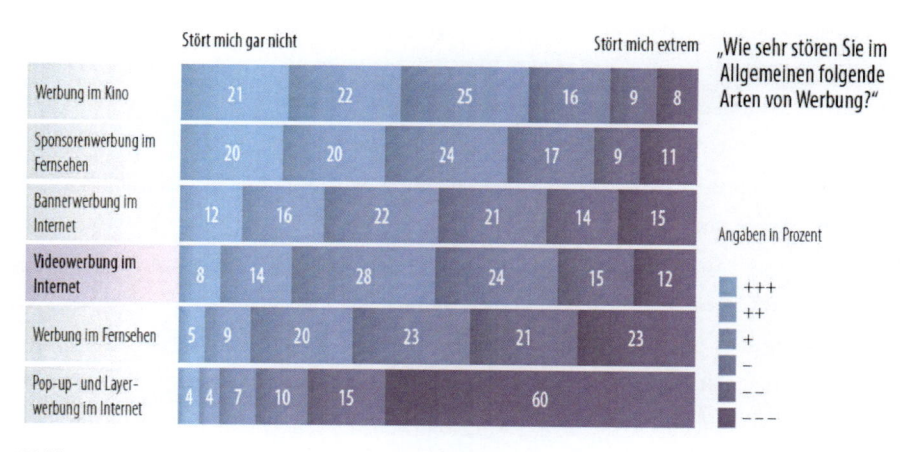

"Wie sehr stören Sie im Allgemeinen folgende Arten von Werbung?"	Stört mich gar nicht					Stört mich extrem	
Werbung im Kino	21	22	25	16	9	8	
Sponsorenwerbung im Fernsehen	20	20	24	17	9	11	
Bannerwerbung im Internet	12	16	22	21	14	15	
Videowerbung im Internet	8	14	28	24	15	12	
Werbung im Fernsehen	5	9	20	23	21	23	
Pop-up- und Layerwerbung im Internet	4	4	7	10	15	60	

Angaben in Prozent: +++ / ++ / + / - / -- / ---

Abbildung 9: Werbeakzeptanz im medialen Vergleich (Forschungsgemeinschaft neue Medien e.V. (2009), S. 15.)

Über das relativ gering empfundene Störgefühl hinaus wird Online-Werbung von den Befragten auch in anderen Bereichen als tendenziell positiv bewertet: So hielten 64% der Nutzer sie für „gut gemacht" und 58% für „unterhaltsam". 41% der Befragten stimmten mehr oder weniger der Aussage zu: „Ich sehe mir Videowerbung im Internet gern an."[55]

An Online-Video-Ads (Advertisings) gefiel den Befragten besonders, dass sie humorvoll und witzig seien (26%) – stärker als dies bei klassischen TV-Spots der Fall war. Auch die Steuerbarkeit, d.h. dass Vorspulen der Ads z.T. möglich ist (24%) sowie die Kürze der Spots (20%) waren Aspekte, welche bei offener Antwortmöglichkeit häufig genannt wurden.[56]

---

[54] Vgl. Ebenda, S. 15.
[55] Vgl. Forschungsgemeinschaft neue Medien e.V. (2009), S. 14.
[56] Vgl. Ebenda, S. 16.

Als wichtigster negativer Aspekt wurde genannt, dass einigen Befragten diese Werbeform zu aufdringlich/invasiv sei (28%).[57]

Auch die Studie „AdEffects" der Tomorrow Focus AG von 2011 befasste sich mit der Akzeptanz von Online-Video-Werbung im Vergleich zu anderen Online-Werbeinstrumenten (Wallpaper, Superbanner, Banderole Ad, Medium Rectangle, Skyscraper, Billboard und Video Ad) und kam zu ähnlich positiven Ergebnissen: Video Ads wurden von den Befragten Personen überdurchschnittlich gut bewertet und das in beinahe allen Kategorien: Sie wurden als sympathischer, seriöser, glaubwürdiger und verständlicher beurteilt als alle anderen Instrumente des Vergleichs und wurden zudem überdurchschnittlich gut von den Rezipienten akzeptiert, d.h. als wenig störend empfunden.[58]

Werbeakzeptanz bzw. Interesse ist jedoch nur ein wichtiger Aspekt, welcher bei der Analyse von Werbeinstrumenten zu berücksichtigen ist. Ein weiterer ist die Werbewirkung. Diese wurde in der Studie „AdEffects" ebenfalls in mehreren Kategorien untersucht.
Video Ads lagen hierbei sowohl bei der Werbeerinnerung bei direkter Vorlage der Werbemittel[59], bei der gestützten Markenerinnerung[60] als auch in den Bereichen Innovationsgrad und Aktivierung der Nutzer[61] deutlich über dem Durchschnitt bzw. an der Spitze aller untersuchten Werbemittel (vgl. Abbildung 10).

---

[57] Vgl. Ebenda, S. 17.
[58] Vgl. Tomorrow Focus AG (2011), S. 22.
[59] Vgl. Tomorrow Focus AG (2011), S. 17.
[60] Vgl. Ebenda, S. 18.
[61] Vgl. Ebenda, S. 36.

● = sehr schwach   ●●●●●●● = sehr stark

	Banderole	Billboard	Skyscraper	Super-banner	Wallpaper	Medium Rectangle	Video Ad
Awareness	●●●●	●●●	●	●●●●●	●●	●●●●●●	●●●●●●●
Recognition	●●●●●●●	●●●●●	●	●●●	●●	●●●●	●●●●●●
Gefallen	●●	●●●●●●●	●●●	●	●●●●	●●●●●	●●●●●●
Akzeptanz	●	●●●●●	●●●●	●●	●●●	●●●●●●	●●●●●●●
Glaubwürdigkeit	●	●●●	●●●●●●	●●	●●●●	●●●●●	●●●●●●●
Innovation	●●●●●	●●●●	●●	●	●●●	●●●●●●●	●●●●●●
Aktivierung	●	●●●●	●●●	●●	●●●●●	●●●●●●●	●●●●●●

Abbildung 10: Online-Werbemittel im Vergleich (Tomorrow Focus AG (2011), S. 40.)

Die Studie „Bewegung im Netz" kam zu dem Ergebnis, dass 69% der Befragten sich ungestützt an die Werbung erinnerten, wenn sie diese in Form von Online-Video-Ads gesehen hatten. Auch die Marke wurde von den Personen, welche diese Form der Werbung gesehen hatten, signifikant häufiger ungestützt erinnert (30%) als bei einer ebenfalls befragten Kontrollgruppe (11%).[62]

Im Rahmen der Studie „Brands in (E)Motion" des eye square Institutes von 2011 wurden 1578 Teilnehmer in einer biotischen Untersuchungssituation auf die Werbewirkung von Online-Videowerbung getestet. Dabei wurden Online-Videowerbespots in 3 Formatekategorien verglichen: inPage (die Werbung wird in die Seite eingebettet), BridgeAd (wird beim Wechsel zu einer neuen URL automatisch eingespielt) und inStream (Werbung wird vor oder als Unterbrechung zwischen anderen Videos eingespielt). Die Studie schließt mit der Aussage, dass Online-Werbespots in jedem Forma eine gute Werbewirkung zeigen, wobei inPage-Formate die beste Wirkung erzielen, da sie das Surfen im Internet nicht ungewollt unterbrechen.[63]

---

[62] Vgl. Forschungsgemeinschaft neue Medien e.V. (2009), S. 19.
[63] Vgl. InteractiveMedia/United Internet Media/Yahoo! Deutschland (2011), S. 20.

Innerhalb der Online-Video Ads nehmen Buchtrailer nochmals eine Sonderstellung ein. Es handelt sich nicht um klassische Werbespots, wie etwa für Versicherungen, Nahrungsmittel oder Autos, sondern um eigenständige narrative Filme, die über die Werbebotschaft hinaus einen eigenen Unterhaltungswert sowie z.T. einen künstlerischen Anspruch besitzen. Dies haben sie mit anderen Trailerformen gemeinsam. Eine Liste der am häufigsten aufgerufenen Online-Videos, veröffentlicht von Visible Measures vom März 2010 zeigt, dass 9 der 10 am meisten gesehenen Videos entweder Filmtrailer oder Musik Videos sind.[64] Beide Videoformen unterscheiden sich nicht grundsätzlich von Buchtrailern, sie sind lediglich stärker professionalisiert und bewerben andere Medien. Ihre Beliebtheit bei den Zuschauern lässt jedoch auf ein potentiell großes Interesse bzw. Akzeptanz von Buchtrailern bei den Zuschauern schließen, da diese ähnlich aufgebaut und gestaltet werden können wie Filmtrailer bzw. Musik Videos.

3.3. Verbreitungsmöglichkeiten

Buchtrailer können im Internet prinzipiell über vier Kanäle verbreitet werden: Über Videoportale, soziale Netzwerke, Online-Buchhändler sowie direkt über die Webseite des Verlages bzw. Autors.

Die Verbreitung über die Webseite des Verlages oder Autors ist zunächst die naheliegendste Möglichkeit, einen Buchtrailer öffentlich zugänglich zu machen. Allerdings erreicht er auf diesen Webseiten in aller Regel nur einen kleinen Teil der potentiellen Käufer, nämlich diejenigen, die ohnehin schon ein Interesse am Autor bzw. am Programm des Verlages haben und deshalb diese Webseiten aktiv aufrufen.
Ähnlich verhält es sich bei der Verbreitung über Videoportale, wie beispielsweise YouTube, MyVideo oder Clipfish. Hier ist die Wahrscheinlichkeit, zufällig auf einen Buchtrailer zu stoßen, für den Nutzer relativ gering, außer, er hat bereits den Kanal des Verlages oder Autors abonniert oder der Trailer hat bereits sehr viele Aufrufe und Kommentare erhalten, sodass er in den diversen Top-Listen angezeigt und neuen Nutzern vorgeschlagen wird. Dies ist bei Buchtrailern momentan jedoch noch eher selten der Fall. Lediglich wenige Beispiele erzielten sehr viele Aufrufe, wie beispielsweise der Trailer zu „Dinge geregelt kriegen", welcher bis-

---

[64] Vgl. Visible Measures (2010).

lang fast 200.000 Aufrufe verzeichnen konnte. Ansonsten bewegen die Aufrufzahlen sich meist nicht über den vierstelligen, selten niedrig fünfstelligen Bereich hinaus.

Die Einbindung von Buchtrailern in die Verkaufsseiten von Online-Buchhändlern kann ebenfalls sinnvoll sein, um bei potentiellen Käufern das Interesse am Buch zu steigern. Die Trailer wirken jedoch auch hier nur dann, wenn der Käufer zumindest den Titel des Buches oder den Autorennamen bereits gehört hat und gezielt nach diesem sucht, bis er auf die Präsentationsseite des Buchtitels auf der Webseite des Händlers geleitet wird.

Soziale Netzwerke haben, was das angeht, einen Vorteil gegenüber den anderen Verbreitungsmöglichkeiten: Hier können Nutzer durchaus auch zufällig auf einen Buchtrailer stoßen, meist durch einen Freund, der ihn auf seiner Seite verlinkt hat. Überzeugt der Buchtrailer – ist er besonders originell, witzig oder schön – wird er von den Nutzern selbst weiterverbreitet und erlangt so auch die Aufmerksamkeit von Nutzern, die weder das Buch noch den Autor bislang kannten („virales Marketing").

In der Regel werden mehrere oder sogar alle dieser Plattformen parallel genutzt, um Buchtrailer zu verbreiten. Damit können sowohl bereits interessierte, potentielle Kunden als auch, in geringerem Maße, neue Rezipienten erreicht werden.
Zudem kann es sinnvoll sein, den Trailer nicht auf jeder dieser Plattformen neu hochzuladen, weil dann die Klickzahlen nicht zu einer Gesamtsumme verrechnet werden und das Video an Relevanz gewinnen kann. Möglich ist beispielsweise, einen Trailer zuerst auf einer Videoplattform wie YouTube hochzuladen und dieses Video dann auf der Autoren- und Verlagswebseite einzubinden bzw. in sozialen Netzwerken zu verlinken.

3.4. Zielgruppe

Da der Haupt-Verbreitungsweg von Buchtrailern das Internet ist, sind die potentiellen Kunden, welche man mittels Buchtrailer am ehesten erreichen kann, diejenigen, welche sich online über Buchtitel informieren und/oder online Bücher kaufen.
Diese Gruppe unterscheidet sich in mehreren Bereichen signifikant von der Gesamtbevölkerung. Zum einen ist sie deutlich jünger: 2004 zählte über die Hälfte der Online-Buchkäufer

zur Altersgruppe der 20-39-Jährigen[65], während diese Altersgruppe im selben Jahr nur 26,5% der Gesamtbevölkerung ausmachte[66]. Zum anderen sind Online-Buchkäufer hoch gebildet: 2004 hatten 44% ein Studium absolviert oder die Fach- bzw. Hochschulreife erlangt. Weiterhin ist die genannte Zielgruppe generell internetaffin und interessiert an Online-Diensten wie Suchmaschinen, Produktinformationen Downloadportalen oder Internet Banking. Aus ökonomischer Perspektive kaufen insbesondere Besserverdiener, Freiberufler und Selbständige ihre Bücher im Internet.[67]

Männer informieren sich häufiger als Frauen online über das Buchangebot.[68]

---

[65] Vgl. Communication Neworks 8.0 (2004), S. 16.
[66] Vgl. Statistisches Bundesamt (2013).
[67] Vgl. Communication Neworks 8.0 (2004), S. 16.
[68] Vgl. Verlagsgruppe Iris Kater (o.J.), S. 1.

4. Untersuchung zur Werbewirksamkeit von Buchtrailern

Im Mittelpunkt der vorliegenden Untersuchung steht ein Forschungsversuch, welcher an der HTWK Leipzig durchgeführt wurde. Ziel des Versuches war es, der Frage nach den Potentialen und Grenzen von Buchtrailern als Marketinginstrument über die theoretische Ebene hinaus in einer konkreten Versuchssituation nachzugehen. Nachfolgend werden zunächst die Hypothesen dargelegt, welche zu Beginn des Versuchs aufgestellt wurden sowie der methodische Ansatz und der Versuchsablauf erklärt. Danach werden die Ergebnisse dargestellt und in einer abschließenden Diskussion wird auf deren Aussagekraft, Einschränkungen und Einordnung in bisherige Erkenntnisse eingegangen.

4.1. Forschungsleitende Fragen und Hypothesen

Im Folgenden werden die drei forschungsleitenden Fragestellungen der vorliegenden Untersuchung genannt. Teilaspekte dieser wurden in den vorangegangenen Kapiteln bereits bearbeitet und z.T. durch Ableitungen aus verwandten Gebieten sowie bereits existierende Untersuchungen beantwortet. Die konkret aus den Fragestellungen abgeleiteten Hypothesen sind hingegen dazu geeignet, durch die wissenschaftliche Untersuchung, welche diesem Buch zugrunde lag, beantwortet zu werden.

Frage 1: Sind Buchtrailer ein geeignetes Marketinginstrument für den Online-Buchhandel?

H1: Eine relevante Zahl von Käufern (mindestens 20%) nimmt Trailer wahr, wenn sie sich online über ein Buch informiert.

H2: Buchtrailer sind geeignet, das Interesse an einem Buch zu steigern und somit die Kaufentscheidung zu beeinflussen.

Frage 2: Für welche Käufergruppe eignen sich Buchtrailer als Marketinginstrumente besonders?

H3: Buchtrailer werden in der Regel später wahrgenommen als andere Marketinginstrumente und können daher erst bei intensiver Suchabsicht des Käufers wirken.

H4: Vielleser schauen eher Buchtrailer an, wenn sie sich über ein Buch informieren als Personen, die wenig lesen.

H5: Regelmäßige Online-Käufer schauen eher Buchtrailer an, wenn sie sich über ein Buch informieren als Personen, die selten online einkaufen.

Frage 3: Inwiefern beeinflussen Gestaltung und Platzierung eines Buchtrailers dessen Wirksamkeit als Marketinginstrument?

H6 : Die Länge eines Buchtrailers sollte 2 Minuten nicht überschreiten.

H7 : Filmtrailern nachgebildete Buchtrailer wecken mehr Interesse als textlastige Trailer.

H8 : Die Platzierung des Trailers auf der Verkaufsseite des Online-Buchhändlers hat einen entscheidenden Einfluss darauf, ob der Trailer wahrgenommen wird oder nicht.

4.2. Methodischer Ansatz: Eye-Tracking

Eye-Tracking, zu Deutsch „Blickverfolgung" oder auch „Blickregistrierung", ist ein sogenanntes apparatives Verfahren (d.h. dass für die Durchführung technische Geräte benötigt werden), welches hauptsächlich in der Werbewirkungsforschung eingesetzt wird. Es ermöglicht eine Erfassung der Blickverläufe eines Betrachters, beispielsweise von Werbeanzeigen auf Plakaten oder in Zeitschriften oder auch von Webseiten, und kann so dazu beitragen, die Gestaltung dieser Werbemittel zu optimieren.[69] Eye-Tracking ist heute das am häufigsten eingesetzte apparative Verfahren.[70] Der Hauptgrund für seine Beliebtheit ist der zunehmende Wettkampf Werbetreibender um die Aufmerksamkeit potentieller Kunden, welcher mit der Gefahr der Reizüberflutung einhergeht.[71] Daher ist es für Unternehmen besonders wichtig, die Werbewirksamkeit ihre Kampagnen, im Idealfall bereits vor deren Schaltung, genau einschätzen und auf ihre Zielgruppe abstimmen zu können.[72]

Die Bewegung des Auges gehört zu den schnellsten Bewegungen, die Säugetiere überhaupt in der Lage sind auszuführen, und läuft weitgehend unbewusst ab. Obwohl jeder subjektiv empfindet, seine Umgebung stetig und unterbrechungsfrei – quasi wie durch eine Kamera – wahrzunehmen, entspricht dies nicht der tatsächlichen Funktionsweise des Auges, dessen Bewegung in Wirklichkeit in hohem Maße sprunghaft und diskontinuierlich abläuft.[73] Im Wesentlichen lassen sich die Bewegungen des Auges in 3 Kategorien einteilen: Die Fixatio-

---

[69] Vgl. Berghaus (2005), S. 102.
[70] Vgl. Keitz (2012), S. 33.
[71] Vgl. Kreutzer (2009), S. 16.
[72] Vgl. Nufer/Ambacher (2012), S. 1.
[73] Vgl. VDZ Verbrand Deutscher Zeitschriftenverleger (2007), S. 14.

nen, die Saccaden und die Blickfolgebewegungen. Alle übrigen Bewegungsarten laufen automatisiert ab und sind daher für die Marktforschung nicht von Interesse.[74]
Bei Fixationen handelt es sich um sogenannte stabilisierende Bewegungen. Es kommt hierbei zu einem kurzen Stillstand der Augenbewegung. Der Blick wird auf einen bestimmten Punkt gerichtet und fokussiert diesen. Eine Informationsaufnahme durch den Betrachter ist nur während Fixationen möglich. Dabei wird für die Darstellung eines scharfen Bildes eine Fixation von mindestens 0,2 Sekunden benötigt.[75]
Bei Sakkaden springt das Auge ruckartig von einem fokussierten Punkt zum nächsten. Diese Augenbewegung zeichnet sich durch eine hohe Geschwindigkeit aus und währenddessen erfolgt keinerlei Wahrnehmung – die entsprechende Person ist gewissermaßen vorübergehend blind, was jedoch nicht bemerkt wird, da das menschliche Gehirn die fehlenden Informationen automatisch ergänzt und so einen subjektiv kontinuierlichen Blickverlauf ermöglicht.[76]
Blickfolgebewegungen sind gewissermaßen Fixationen auf sich bewegenden Objekten, beispielsweise, wenn eine Person in einem fahrenden Zug sitzt und einen Baum außerhalb des Zuges fixiert. Bei diesen Bewegungen wird lediglich der Beginn der Fixation und deren Ende willkürlich gesteuert; das Folgen des Blickes dagegen erfolgt automatisiert.[77]
In dem für dieses Buch durchgeführten Versuch wurden Fixationen (für unbewegliche Inhalte, wie Texte und Bilder) und Blickfolgebewegungen (für bewegliche Inhalte, welche bei Buchtrailern vorkommen) unter dem Begriff Fixationen zusammengefasst.

Die wichtigsten Kennzahlen, welche mittels Eye-Tracking erhoben werden können, sind die Fixationshäufigkeit und die Fixationsdauer. Die Fixationshäufigkeit bezeichnet die Anzahl (absolut) der Fixationen, die auf ein bestimmtes Objekt bzw. einen bestimmten Bereich entfallen.[78] Die Fixationsdauer gibt an, wie lange ein bestimmtes Objekt bzw. ein bestimmter Bereich insgesamt fixiert wird.[79] Diese Kennzahl kann zudem mit anderen Kennzahlen (z.B. Fixationsdauer über alle betrachteten Bereiche, Gesamtlänge der Betrachtung, gesamte Sichtbarkeit des entsprechenden Objekts oder Bereichs) ins Verhältnis gesetzt werden, um so eine relative Fixationsdauer zu ermitteln.

---

[74] Vgl. Berghaus (2005), S. 87.
[75] Vgl. Hofer/Mayerhofer (2010), S. 146.
[76] Vgl. Ebenda.
[77] Vgl. Joos/Rötting/Velichkovsky (2002), S. 2.
[78] Vgl. Berghaus (2005), S. 107.
[79] Vgl. Ebenda, S. 111.

Das Sehfeld des Menschen lässt sich in zwei Bereiche aufteilen: den zentralen und den peripheren Sehbereich. Im peripheren Sehbereich werden Farben, Formen und Kontraste nur unscharf wahrgenommen. Er dient der allgemeinen Orientierung innerhalb des die Person umgebenden Umfeldes.[80] Der zentrale Sehbereich hingegen ermöglicht die Erkennung von Details, da hier eine scharfe Wahrnehmung möglich ist. Dieser Bereich entspricht nur einem kleinen Teil der Netzhaut (Fovea Centralis), in welchem die auf der Netzhaut verteilten Photorezeptoren in besonders hoher Dichte vorkommen, was eine hohe Auflösungsstärke der Fovea Centralis bewirkt. Aufgrund dieser physiologischen Gegebenheiten des menschlichen Auges ist es möglich, aus der jeweiligen Augenstellung abzulesen, welche Informationen aufgrund der Abbildung auf der Fovea Centralis überhaupt detailliert wahrgenommen werden können.[81]

Die am häufigsten verwendete Methode (welche auch für den dargestellten Versuch verwendet wurde) ist hierbei die sogenannte Cornea-Reflex-Methode. Bei dieser Methode wird durch eine künstliche Lichtquelle ein Infrarotlicht erzeugt und auf die glänzende Hornhaut des Auges (Cornea) projiziert (was für den Probanden jedoch nicht wahrnehmbar ist), welche das Licht wiederum reflektiert. Der Cornea-Reflex wandert hierbei relativ zum Kopf in Richtung der Augenbewegung.[82]

Prinzipiell sind zwei Formen des Eye-Trackings möglich: Mobiles und stationäres. Beim mobilen Eye-Tracking tragen die Probanden eine Brille bzw. einen Helm, in welchen das Gerät integriert ist. Dies ermöglicht eine freie Bewegung der Probanden und wird beispielsweise zur Regaloptimierung im Lebensmitteleinzelhandel verwendet. Beim stationären Eye-Tracking wird die Kamera, welche die Augenbewegungen erfasst, direkt am Computerbildschirm angebracht. Diese Form eignet sich zur Optimierung von Webseiten, Bildanzeigen und Videos. Für den dargestellten Versuch wurde ein stationärer Eye-Tracker verwendet, welcher am unteren Bildschirmrand befestigt war. Zur Auswertung der Messdaten wurde das Programm NYAN 2.0XT zu Hilfe genommen.

---

[80] Vgl. Nufer/Ambacher (2012), S. 5.
[81] Vgl. Berghaus (2005), S. 83 f.
[82] Vgl. Schneider/Kurt (o.J.), S. 8.

In NYAN 2.0XT gibt es prinzipiell drei verschiedene Projekttypen: Das Screenrecording Projekt, das Mediashow-Projekt und das Web-Projekt.

Abbildung 11: Projekttypen in NYAN 2.0XT (Screenshot)

Beim Screenrecording-Projekt zeichnet das Programm sämtliche Geschehnisse am Bildschirm sowie die Blickbewegungen der Probanden auf. Dieser Projekttyp wurde für den dargestellten Versuch nicht verwendet, weshalb nicht näher auf ihn eingegangen wird.

Das Mediashow-Project ermöglicht es, den Probanden eine Auswahl von Videos und/oder Bildern in einer vorher festgelegten Reihenfolge mit festgelegten Pausen (Schwarzbildschirm) vorzuführen. Dieser Projekttyp bietet speziell für die Analyse von Videos optimierte Auswertungsmöglichkeiten. So können bestimmte, innerhalb des Videos bewegliche Elemente als „dynamische Areas of Interest" (interessierende Bereiche; abgekürzt AOIs) definiert werden. Hierzu wird für jeden AOI ein bestimmter Bereich im Video definiert und Bild für Bild angepasst (vergleiche Abbildung 12). Schließlich können Kenngrößen wie die Fixationsdauer und Fixationshäufigkeit der AOIs automatisch ausgegeben werden.

Das Web-Projekt ist besonders für die Darstellung von Webseiten geeignet und zeichnet sämtliche Veränderungen im Browser auf. Hiermit können dem Probanden spezielle Webseiten für eine vorgegebene Zeitspanne präsentiert werden, wobei dieser sich frei im Internet „bewegen" kann, d.h. es sind auch Blickbewegungen auf Flash-Darstellungen (mit welchen Buchtrailer momentan meist in Verkaufsplattformen eingebunden sind) verfolgbar. Allerdings sind bestimmte andere Funktionen für diesen Modus nicht verfügbar, wie beispielsweise die Definition von AOIs und damit verbunden die automatische Auswertung bestimmter Kenngrößen. Daher ist in diesem Modus die Auswertung aufwändiger, weniger genau und ermöglicht nicht die Erhebung aller möglichen Kennzahlen.

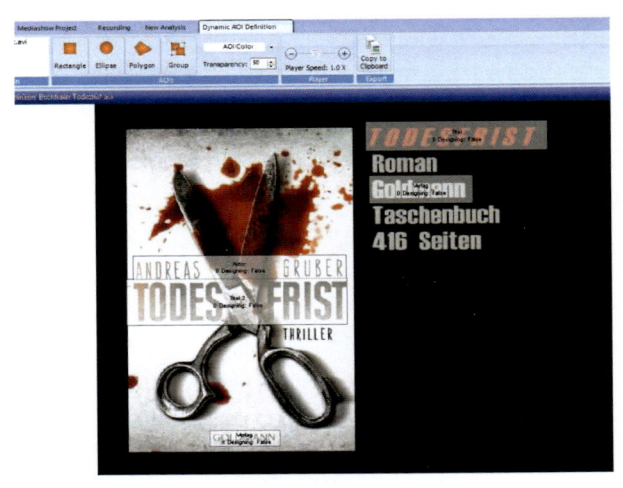

Abbildung 12: Definition dynamischer AOIs in NYAN 2.0XT (Screenshot)

Wie jedes Verfahren hat auch die Methode des Eye-Trackings ihre speziellen Vorzüge und Nachteile bzw. Einschränkungen, welche bei der Auswertung der Messdaten zu berücksichtigen sind.

Mit Hilfe von Eye-Tracking ist es möglich, durch die Beobachtung der Augenbewegungen Rückschlüsse auf die Informationsaufnahme und -verarbeitung zu ziehen. Allerdings ist die Fixation eines Bereiches nur eine notwendige, jedoch keine hinreichende Voraussetzung für einen Verarbeitungsprozess im Gehirn.[83] Das heißt, dass zwar nur mittels einer Fixierung eine Informationsaufnahme möglich ist (was nicht fixiert wird, ist aus Sicht des Probanden nicht vorhanden), jedoch auch Fixierungen auftreten können, ohne dass eine solche Aufnahme erfolgt, beispielsweise, wenn der Proband in Gedanken vor sich hin starrt.[84] Zudem enthält die Tatsache, dass ein Objekt besonders häufig fixiert wurde, in sich noch keine Wertung. Eine hohe Aufmerksamkeit beweist nicht zwangsläufig, dass ein Werbemittel besonders gelungen ist. Sie kann auch bei stark negativen Assoziationen oder bei Verwirrung auftreten. Daher ist eine qualitative Diagnose der Beweggründe von Probanden nach einem Eye-Tracking-Versuch wichtig, um die erhobenen Daten in einen Kontext stellen zu können.[85]

Eine Einschränkung des Verfahrens ist somit, dass die Aussagekraft der Blickbewegungsdaten ohne eine zusätzliche Erhebung (z.B. Befragung) begrenzt ist. Weitere Nachteile liegen in

---

[83] Vgl. VDZ Verbrand Deutscher Zeitschriftenverleger (2007), S. 15.
[84] Vgl. Berghaus (2005), S. 90.
[85] Vgl. Schmeißer/Behrendt/Singer (2005), S. 6.

der sehr zeitaufwändigen Auswertung der Messdaten am PC, welche zu tendenziell kleinen Stichproben in Versuchen führt sowie die Schwierigkeit, eine biotische (also natürliche) Untersuchungssituation herzustellen.[86] Bei dem für den dargestellten Versuch genutzten Eye-Tracker war es beispielsweise notwendig, dass die Versuchspersonen ihren Kopf während des Versuches so wenig wie möglich bewegten. Allein die dadurch entstehende, unnatürliche Körperhaltung kann dazu führen, dass die Probanden sich nicht mehr natürlich verhalten, da sie sich ständig der Versuchssituation bewusst sind.

Der große Vorteil der Methode Eye-Tracking gegenüber beispielsweise Befragungen ist, dass der in Teilen unbewusste, automatisierte Wahrnehmungsprozess direkt, ohne Zeitverzögerung und unverzerrt, gemessen werden kann. Bei einer Befragung wird nicht die tatsächliche Informationsaufnahme erfasst, sondern lediglich die vom Probanden erinnerte. Zudem werden allein durch die Fragestellungen in einem Interview Denkprozesse bei den Probanden ausgelöst, wodurch das Involvement für den Untersuchungsgegenstand von vornherein unnatürlich erhöht werden kann.[87] Im vorgestellten Versuch könnte beispielsweise allein die Erwähnung von Buchtrailern (bzw. die Erklärung, um was es sich dabei handelt) ein Interesse auf das Thema lenken, welches zuvor nicht bestanden hatte.

4.3. Konzeption, Durchführung und Ergebnisse

Die Versuchsreihe wurde zwischen dem 27.05. und dem 04.06.2013 an insgesamt 5 Tagen an der Hochschule für Technik, Wirtschaft und Kultur Leipzig im Hochschulgebäude am Gutenbergplatz durchgeführt. In diesem Gebäudeteil gibt es einen separaten Raum für alle Untersuchungen, die mit Hilfe des Eye-Trackers durchgeführt werden sollen.

4.3.1. Sampling und Stichprobenzusammensetzung

Um geeignete Testpersonen für die Studie zu finden, wurden Aushänge in allen Gebäuden der HTWK Leipzig verteilt sowie eine E-Mail gleichen Inhalts über den E-Mail-Verteiler an die Studierenden sämtlicher Fakultäten der HTWK Leipzig versendet. Im Text wurde nicht näher auf das Ziel des Versuches eingegangen, sondern lediglich erwähnt, dass der Eye-Tracker für

---

[86] Vgl. Berghaus (2005), S. 116.
[87] Vgl. Ebenda, S. 94.

die Untersuchung benötigt wird und an welchen Tagen die Versuche stattfinden. Zudem wurde den potentiellen Teilnehmern ein Buchgewinn in Aussicht gestellt, um so eine höhere Teilnehmerquote zu erreichen. Interessierte sollten sich per E-Mail für die Versuchsreihe anmelden. Sämtliche Studierende, welche sich für den Versuch anmeldeten, wurden eingeladen, um an diesem teilzunehmen. Insgesamt meldeten sich 21 Testpersonen an, von denen 19 den kompletten Testablauf absolvierten, bei einer Person nur ein Teil des Tests verwertbare Ergebnisse lieferte und eine Person aus technischen Gründen (s.u.) nicht am Test teilnehmen konnte.

Die Kohorte umfasste ausschließlich Studierende der HTWK Leipzig; dabei wurden alle Fakultäten gleichermaßen angeschrieben und zur Teilnahme aufgefordert. Die Geschlechterverteilung war nahezu gleichverteilt: Von den 21 Testpersonen waren 11 männlich und 10 weiblich. Nachdem eine weibliche Testperson nicht an der Studie teilnehmen konnte, bestand die Kohorte letztendlich aus N=20 Teilnehmern, von denen 11 männlich und 9 weiblich waren.

Für die Teilnehmergewinnung wurden Studierende aller Fakultäten, aller Altersklassen und aller Semesterstufen gleichermaßen angeschrieben. Allerdings war die Teilnahmebereitschaft der Studierenden technischer Studiengänge leicht erhöht, da diese ein stärkeres Interesse an dem Verfahren des Eye-Trackings zeigten, welches in der Ausschreibung erwähnt wurde. Zudem meldeten sich überdurchschnittlich viele Studierende höherer Semester, vermutlich, weil diese aufgrund ihrer eigenen nahenden Abschlussarbeiten stärker für die Unterstützung wissenschaftlicher Arbeiten sensibilisiert waren. Die Stichprobe bildet die Grundgesamtheit aller Studierenden an der HTWK Leipzig somit nicht vollkommen ab.

4.3.2. Auswahl zu untersuchender Trailer und Online-Buchhändler

Für den Versuchsaufbau wurden zwei Buchtrailer als Beispiele ausgewählt, welche den Teilnehmern gezeigt wurden bzw. die sie nutzen konnten, um sich über die entsprechenden Buchtitel zu informieren.

Als Titel ausgewählt wurden „Verstummt" von Karin Slaughter sowie „Todesfrist" von Andreas Gruber. Die Auswahl dieser Bücher erfolgte aufgrund verschiedener Gesichtspunkte: Erstens sollten beide Bücher möglichst demselben Genre (hier: Krimi/Thriller) angehören, um eine Vergleichbarkeit in der Einschätzung durch die Teilnehmer zu gewährleisten. Zweitens sollten die Bücher bei Publikumsverlagen erschienen sein und jeweils über einen Buchtrailer verfügen, wobei diese sich sowohl in ihrer Machart als auch in ihrer Länge deutlich voneinander unterscheiden sollten. Drittens war es wichtig, dass die jeweiligen Autoren etwa gleich bekannt sind und somit die anfängliche Einstellung der Testpersonen beiden Büchern gegenüber etwa gleich ist.

Bei dem Trailer zu „Todesfrist" handelt es sich um einen Schrift-Trailer, wobei hier im Gegensatz zu den auf Seite 17 angeführten Trailern weniger mit der Schrift „gespielt" wird, sondern diese lediglich ein- und ausgeblendet wird bzw. flackert. Hinter der Schrift ist die Silhouette eines Mannes mit Kapuze zu erkennen, der durch Straßenzüge hindurch und auf die Kamera zuläuft. Dabei liegt der visuelle Fokus jedoch eindeutig auf den Schrift-Elementen. Der Trailer wird mit Musik untermalt und hat eine Gesamtlänge von einer Minute und 57 Sekunden.

Der eingeblendete Text entspricht anfangs fast wörtlich, danach zumindest inhaltlich dem Klappentext zum Buch. Er lautet vollständig:

„Wenn Sie innerhalb von 48 Stunden herausfinden, warum ich diese Frau entführt habe, bleibt sie am Leben. Falls nicht stirbt sie." Mit diesem Telefonat beginnt ein böses Spiel: In den Katakomben des Münchner, Kölner und Leipziger Doms wird jeweils eine Frauenleiche gefunden. Der Killer lässt seine Opfer verhungern, ertränkt sie in Tinte, verbrennt sie oder betoniert sie bei lebendigem Leib ein. Kriminalkomissarin Sabine Nemez hat eine schreckliche Vermutung: Gibt es einen Zusammenhang zu den schrecklichen Geschichten aus dem Kinderbuch ‚Der Struwwelpeter'? Doch wer steckt dahinter und was ist sein Motiv? Die Spur des Killers führt nach Wien. Hier treibt er sein nächstes heimtückisches Spiel mit der Psychotherapeutin Helen Berger. Doch diesmal hat er sich das falsche Opfer ausgesucht. Helen dreht den Spieß um und steht kurz davor, Struwwelpeters Identität aufzudecken.

Danach folgen lobende Zitate der beiden bekannten Krimiautoren Sebastian Fitzek und Andreas Eschbach über Andreas Gruber und dessen Stil im Allgemeinen:

„Grubers Stil ist rasant, komplex und sorgt immer wieder für überraschende Wendungen." Sebastian Fitzek.
„An Andreas Gruber schätze ich vor allem, dass er eigene erzählerische Wege geht – und das atmosphärisch so glaubhaft, so greifbar, dass man ihm bereitwillig folgt." Andreas Eschbach

Zum Schluss des Trailers folgen die Einblendung des Buchcovers mit bibliografischen Angaben (vgl. Abbildung 15) sowie ein Bild des Autors mit weiteren seiner Veröffentlichungen (vgl. Abbildung 16).

Abbildung 13: Buchtrailer zu "Todesfrist", 00:15 (Screenshot)	Abbildung 14: Buchtrailer zu "Todesfrist", 00:44 (Screenshot)
Abbildung 15: Buchtrailer zu "Todesfrist", 01:44 (Screenshot)	Abbildung 16: Buchtrailer zu "Todesfrist", 01:52 (Screenshot)

Tabelle 2: Buchtrailer zu "Todesfrist" von Andreas Gruber (eigene Darstellung)

Bei dem Trailer zu „Verstummt" handelt es sich hingegen um einen Schauspiel-Trailer mit Voice-Over. Dieser Trailer dauert lediglich 00:40 Sekunden. Eine männliche Stimme spricht aus dem Off folgenden Text:

> „Mein Name ist John Shelly. Heute werde ich entlassen. Man verurteilte mich zu 22 Jahren Knast wegen Mordes. Als es passierte war ich 17 und dermaßen vollgedröhnt, dass ich mich an nichts mehr erinnern konnte – außer, dass ich unschuldig war."

Hierbei ist anzumerken, dass dieser Text vollständig vom Klappentext des Titels „Verstummt" abweicht, in welchem der Name John Shelly nicht einmal erwähnt wird.

Parallel zu diesem gesprochenen Text werden (gedrehte) Szenen eines Tatortes (vgl. Abbildung 17) gezeigt, welche bruchstückhaft zusammengeschnitten sind und sich abwechseln mit einer Szene, in welcher ein Mann in Handschellen (offenbar der besagte John Shelly) durch einen Gang geführt wird (vgl. Abbildung 18). Am Ende des eigentlichen Trailers wird der Titel in Vollbild eingeblendet (vgl. Abbildung 19) sowie nachfolgend das Buchcover und der Verlag mit dem zusätzlichen Hinweis: „Der neue packende Thriller von Karin Slaughter. Überall, wo es Bücher gibt." (vgl. Abbildung 20).

Abbildung 17: Buchtrailer zu "Verstummt", 00:07 (Screenshot)	Abbildung 18: Buchtrailer zu "Verstummt", 00:12 (Screenshot)
Abbildung 19: Buchtrailer zu "Verstummt", 00:30 (Screenshot)	Abbildung 20: Buchtrailer zu "Verstummt", 00:37 (Screenshot)

Tabelle 3: Buchtrailer zu "Verstummt" von Karin Slaughter (eigene Darstellung)

Im Versuch wurden die beiden Trailer zudem auf zwei verschiedenen Webseiten von zwei Online-Buchhändlern präsentiert, um Aussagen über die geeignetste Darstellungsform treffen zu können. Als Online-Buchhändler wurden amazon.de sowie weltbild.de ausgewählt. Diese Auswahl erfolgte, da beide Händler unter den ersten 10 der umsatzstärksten Internethändler rangieren bzw. Amazon bereits seit Jahren der mit Abstand umsatzstärkste Internethändler in

Deutschland ist.[88] Somit ist eine höhere Repräsentativität dieser Shops für Online-Buchhändler im Allgemeinen zu erwarten als dies bei kleinen Webshops der Fall wäre. Zudem ist davon auszugehen, dass die an der Studie teilnehmenden Nutzer die Webseiten umsatzstarker Onlinehändler mit höherer Wahrscheinlichkeit ihrer Struktur nach kennen und sich dort rasch zurechtfinden. Ein weiteres Kriterium für die Wahl dieser beiden Händler war, dass beide mit konzeptionell vergleichbaren Elementen arbeiten (Rezensionen mit einem Index von 0 bis 5, Leseproben, Klappentext, Autorenvita sowie Buchtrailer waren auf beiden Seiten vorhanden), allerdings insbesondere die Buchtrailer auf beiden Webshops sehr unterschiedlich platziert sind (vgl. Abbildung 21 und 22; Pfeile wurden nachträglich eingefügt). Hierdurch lässt sich der Einfluss der Platzierung gut vergleichen.

Abbildung 21: Platzierung von Buchtrailern auf amazon.de (Screenshot)

---

[88] Vgl. Ibusiness (2010).

Abbildung 22: Platzierung von Buchtrailern auf weltbild.de (Screenshot)

Auf amazon.de ist das Trailerfenster direkt auf der Hauptseite des Buches sichtbar, ohne dass der Nutzer scrollen muss. Allerdings ist das Fenster nur sehr klein, links neben dem Coverbild platziert, und kann leicht übersehen werden. Auf weltbild.de ist das Trailerfenster deutlich größer unterhalb des Klappentextes eingebunden, allerdings wird es erst sichtbar, wenn der Nutzer auf der Seite weit genug nach unten scrollt.

4.3.3. Versuchsaufbau

Bevor der eigentliche Versuch begann, wurde jedem Teilnehmer kurz die Funktionsweise des Eye-Trackers erklärt. Insbesondere wurden die Teilnehmer darauf hingewiesen, dass sie während des eigentlichen Versuchs ihren Kopf so wenig wie möglich bewegen sollten, da nur so eine hohe Messgenauigkeit des Geräts gewährleistet werden kann. Zudem wurde den Studierenden mitgeteilt, dass der gesamte Versuch etwa 30 Minuten in Anspruch nehmen werde. Es wurden zu diesem Zeitpunkt noch keine Aussagen darüber getroffen, welches Thema bzw. Forschungsziel der Versuch verfolgt und bei derartigen Nachfragen von Seiten der Studierenden wurde auf das Ende des Versuchs verwiesen.

Unmittelbar vor der Versuchsdurchführung musste jede Testperson am Eye-Tracker eine sogenannte Kalibrierung absolvieren. Diese Notwendigkeit besteht, da jeder Mensch über eine andere Augen- und Lidform verfügt. Während der Kalibrierung ist die Testperson dazu angehalten, einen blauen Punkt zu fixieren, welcher seine Position auf dem Bildschirm verändert. Der Eye-Tracker erstellt aus den Aufnahmen der Augen dabei ein Bewegungsprofil, das ihm später hilft, die Augenbewegungen der entsprechenden Testpersonen korrekt zu interpretieren.

Die Kalibrierung funktionierte nicht bei allen Testpersonen gleich gut. Bei einigen traten überhaupt keine Probleme auf, bei anderen musste die Kalibrierung mehrfach neu gestartet werden. Gründe hierfür liegen meist in für den Eye-Tracker irritierenden Details wie geschminkten Wimpern, starken Brillengläsern oder Augenfehlstellungen der Testperson. Bei einer Testperson konnte die Kalibrierung auch nach mehrfachen Durchläufen nicht erfolgreich abgeschlossen und somit der Versuch selbst nicht durchgeführt werden.

Die Versuchsanordnung bestand aus drei Abschnitten, welche jeweils unterschiedliche Aufgaben an die Teilnehmer stellten.

Im ersten Teil sollten die Teilnehmer sich nacheinander über die beiden Buchtitel „Verstummt" und „Todesfrist" auf den Webseiten von amazon.de und weltbild.de informieren. Den Versuchsteilnehmern wurde die Aufgabe gestellt, sich einen Eindruck über die genannten Bücher auf den genannten Webseiten zu verschaffen. Der Ablauf hierbei war folgender: Nach erfolgreicher Kalibrierung wurde die erste Webseite mit dem ersten Titel geladen. Die Testperson hatte dann 3,5 Minuten Zeit, sich über das Buch zu informieren. Nach Ablauf dieser Zeit wurde automatisch die zweite Seite mit dem zweiten Buchtitel geladen, für welche dann noch einmal 3,5 Minuten Zeit zur Verfügung standen. Es wurde immer zuerst ein Titel auf amazon.de angezeigt und danach ein Titel auf weltbild.de. Die Anfangsvermutung war, dass Buchtrailer auf weltbild.de den Nutzern stärker auffallen würden als auf amazon.de. Durch die beschriebene Reihenfolge sollte verhindert werden, dass erst durch die Aufmerksamkeit bei der Suche auf weltbild.de die Buchtrailer im zweiten Teil auf amazon.de von den Teilnehmern gezielt gesucht würden.

Die Reihenfolge der eingeblendeten Titel wurde verändert, um auszuschließen, dass inhaltliche Aspekte der einzelnen Titel Einfluss auf die Ergebnisse der Studie hatten. Somit wurden alle Testpersonen in zwei Gruppen eingeteilt, wobei diejenigen der Gruppe 1 zuerst „Verstummt" auf amazon.de und danach „Todesfrist" auf weltbild.de betrachteten, während die Teilnehmer in Gruppe 2 zuerst „Todesfrist" auf amazon.de und danach „Verstummt" auf weltbild.de betrachteten.

Die Arbeitsaufgabe für die Testpersonen wurde bewusst sehr offen gestellt. Den Teilnehmern wurde gesagt, sie sollten sich über das Buch informieren – so, wie sie es auch Daheim an ihrem PC tun würden. Weiterhin wurde den Teilnehmern mitgeteilt, dass sie einen der beiden vorgestellten Titel gewinnen könnten und am Ende des Versuches angeben sollten, welcher sie mehr interessierte. Hierbei war letztlich nicht wirklich entscheidend, welches Buch die Studierenden inhaltlich mehr ansprach, sondern es ging darum, eine möglichst realistische Situation zu schaffen, in welcher die Teilnehmer ein tatsächliches Interesse daran hatten, Informationen über die entsprechenden Buchtitel einzuholen. Alle Teilnehmer wurden ausdrücklich darauf hingewiesen, dass sie während der 3,5 Minuten über die komplette Seite scrollen, überall klicken und alles abspielen konnten, was sie interessierte. Sie wurden aufgefordert, sich so natürlich wie möglich zu verhalten.
Während dieses ersten Teils des Versuches lief das Programm NYAN im Modus Web-Projekt.

Ziel dieses ersten Teils war es, herauszufinden, ob die Testpersonen bei dem Prozess des Informierens über einen Buchtitel den Trailer überhaupt wahrnahmen (also das Trailerfenster fixierten), diesen abspielten und wenn ja, nach wie vielen Sekunden Suchzeit. Die Fixierung anderer Online-Marketinginstrumente wurde ebenfalls als Vergleichsgrundlage überprüft.

Im zweiten Teil des Versuchs wurden jeder Versuchsperson beide Trailer der Buchtitel nacheinander vorgeführt (abhängig von der Gruppe jeweils in der Reihenfolge, in der sie sich zuvor über die Titel informieren sollten). Sie bekamen hierzu lediglich die Anweisung, sich die Trailer aufmerksam anzusehen – auch dann, wenn sie diese bereits teilweise oder vollständig im vorherigen Teil des Versuchs angesehen hatten. Hierbei wurde innerhalb des Programmes NYAN der Modus Mediashow-Projekt genutzt.

Im dritten Teil des Versuches sollten die Teilnehmer einen Fragebogen (siehe Anhang 1) ausfüllen, welcher insgesamt 13 Fragen enthielt. Diese waren zum Teil darauf ausgerichtet, die Ergebnisse aus den Eye-Tracking-Versuchen richtig einordnen zu können und zum Teil darauf, Zusammenhänge zwischen den Augenbewegungen und Interessensschwerpunkten bzw. Vorwissen der Teilnehmer herzustellen.

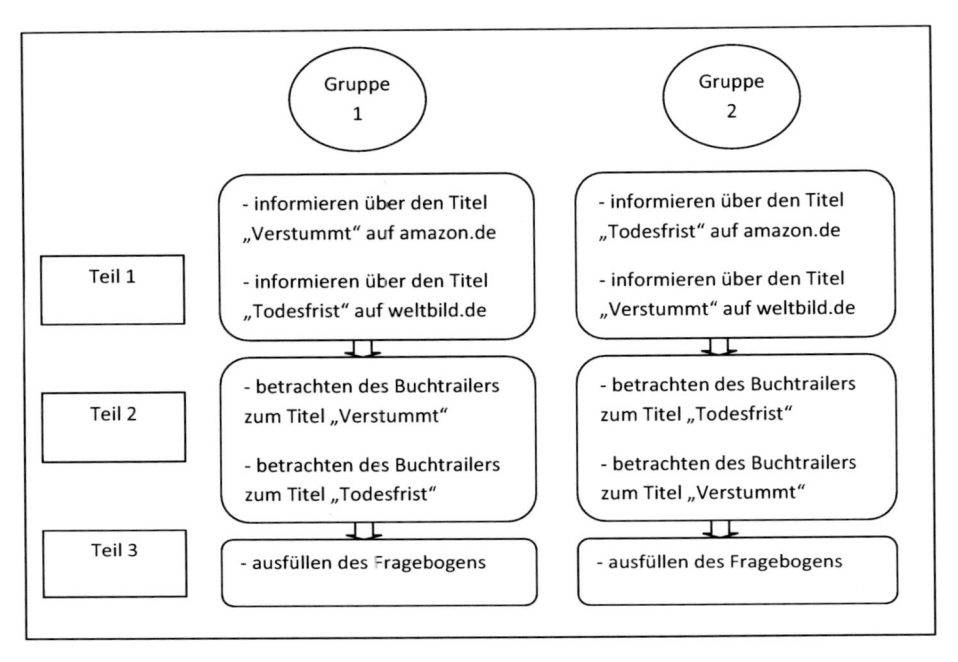

```
┌─────────────────────────────────────────────────────────────────┐
│              ╭───────╮                    ╭───────╮              │
│              │Gruppe │                    │Gruppe │              │
│              │   1   │                    │   2   │              │
│              ╰───────╯                    ╰───────╯              │
│          ╭─────────────────────╮     ╭─────────────────────╮    │
│          │- informieren über   │     │- informieren über   │    │
│          │  den Titel          │     │  den Titel          │    │
│  ┌─────┐ │  „Verstummt" auf    │     │  „Todesfrist" auf   │    │
│  │Teil1│ │  amazon.de          │     │  amazon.de          │    │
│  └─────┘ │- informieren über   │     │- informieren über   │    │
│          │  den Titel          │     │  den Titel          │    │
│          │  „Todesfrist" auf   │     │  „Verstummt" auf    │    │
│          │  weltbild.de        │     │  weltbild.de        │    │
│          ╰─────────────────────╯     ╰─────────────────────╯    │
│          ╭─────────────────────╮     ╭─────────────────────╮    │
│          │- betrachten des     │     │- betrachten des     │    │
│  ┌─────┐ │  Buchtrailers zum   │     │  Buchtrailers zum   │    │
│  │Teil2│ │  Titel „Verstummt"  │     │  Titel „Todesfrist" │    │
│  └─────┘ │- betrachten des     │     │- betrachten des     │    │
│          │  Buchtrailers zum   │     │  Buchtrailers zum   │    │
│          │  Titel „Todesfrist" │     │  Titel „Verstummt"  │    │
│          ╰─────────────────────╯     ╰─────────────────────╯    │
│  ┌─────┐ ╭─────────────────────╮     ╭─────────────────────╮    │
│  │Teil3│ │- ausfüllen des      │     │- ausfüllen des      │    │
│  └─────┘ │  Fragebogens        │     │  Fragebogens        │    │
│          ╰─────────────────────╯     ╰─────────────────────╯    │
└─────────────────────────────────────────────────────────────────┘
```

Abbildung 23: Versuchsablauf (eigene Darstellung)

4.4. Ergebnisse

4.4.1. Buchtrailer-Wahrnehmung, Bekanntheit und Einstellung

Insgesamt haben von den 20 am Versuch teilnehmenden Personen 12 beim ersten Teil des Versuchs bei mindestens einem von beiden Titeln den dazugehörigen Buchtrailer angeklickt und mindestens teilweise angesehen. Hierbei schaute 1 Person den Trailer ausschließlich auf der Webseite von Amazon, 9 ausschließlich auf der Webseite von Weltbild und 2 schauten sich die Trailer auf beiden Webseiten an.

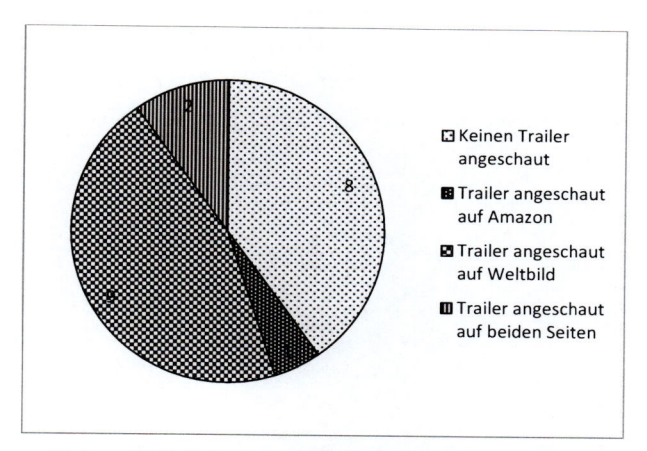

Abbildung 24: Trailerbetrachtung nach Webseite (eigene Darstellung)

Als Vergleich wurden die Fixationen auf anderen Online-Marketinginstrumenten festgehalten. Hierbei lag das Cover vorn, welches auf beiden Webseiten von sämtlichen Teilnehmern fixiert wurde. Auch Klappentexte und Rezensionen wurden von mehr Teilnehmern in die Informationssuche einbezogen als dies bei den Buchtrailern der Fall war. Die Funktion „Blick ins Buch" war bei Weltbild nicht verfügbar und wurde daher nicht erfasst.

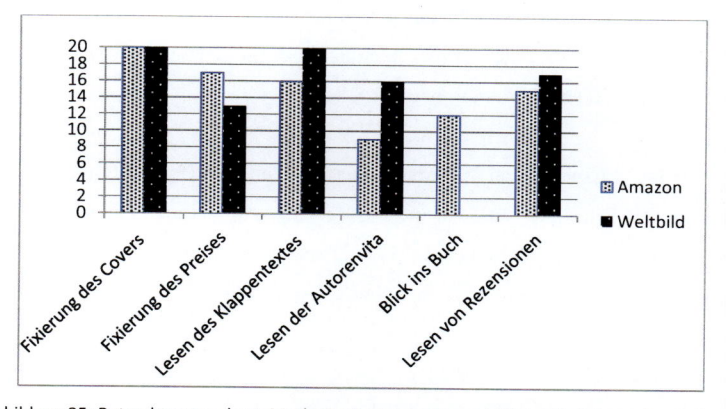

Abbildung 25: Betrachtung anderer Marketinginstrumente nach Webseite (eigene Darstellung)

Mit Hilfe des Eye-Trackers konnte nicht nur festgestellt werden, wie viele Teilnehmer die Buchtrailer tatsächlich anklickten und somit wenigstens teilweise anschauten, sondern auch, wie viele Teilnehmer das Fenster, in welchem der Trailer abgespielt werden konnte, fixiert und somit wahrgenommen haben. Dabei ist jedoch nicht nachweisbar, ob der Proband im Augenblick der Fixation das Fenster als Video-Einbettung erkannt hat oder nicht.

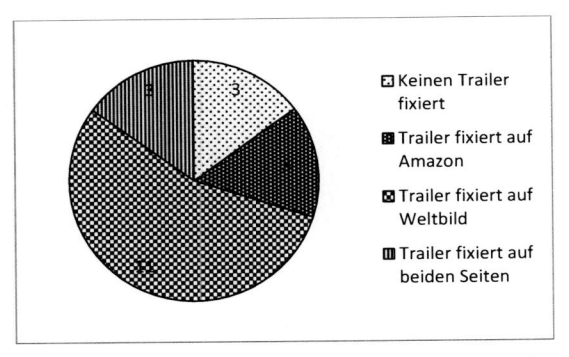

Abbildung 26: Trailerfensterfixation nach Webseite (eigene Darstellung)

Jeder Teilnehmer hatte pro Titel 3,5 Minuten Zeit, um sich einen Eindruck über das entsprechende Buch zu verschaffen. Zu welchem Zeitpunkt innerhalb dieser Spanne die Trailer betrachtet wurden, kann Aufschluss über deren Priorität für den Teilnehmer bei der Informationssuche geben.
Die auf Amazon betrachteten Trailer wurden nach durchschnittlich 108 Sekunden angeklickt, die auf Weltbild betrachteten Trailer nach durchschnittlich 114,2 Sekunden. Der Durchschnitt über alle betrachteten Trailer lag bei 112,8 Sekunden.

Im Fragebogen gaben 7 von 20 Versuchspersonen an, den Begriff „Buchtrailer" schon einmal gehört zu haben. 13 gaben an, vor diesem Versuch schon einmal einen Buchtrailer gesehen zu haben. Allerdings glaubten nur 3 Teilnehmer, dass ein Buchtrailer, welchen sie gesehen hatten, schon einmal Einfluss auf ihre Kaufentscheidung hatte.

Bei der Frage, auf welchen Webseiten die Teilnehmer Buchtrailer bereits gesehen hatten, wurden zum einen die größten und bekanntesten Webseiten benannt und zum anderen den Teilnehmern die Möglichkeit offen gelassen, weitere Webadressen und Anbieter zu ergänzen. Die Ergebnisse zeigen eine relativ gleiche Verteilung über die Homepage des Autors bzw. Verlages, Videoplattformen (repräsentiert durch YouTube), Online-Händler (repräsentiert durch Amazon) und Social Networks (repräsentiert durch Facebook; ergänzt von Teilnehmern um Twitter und web.de).

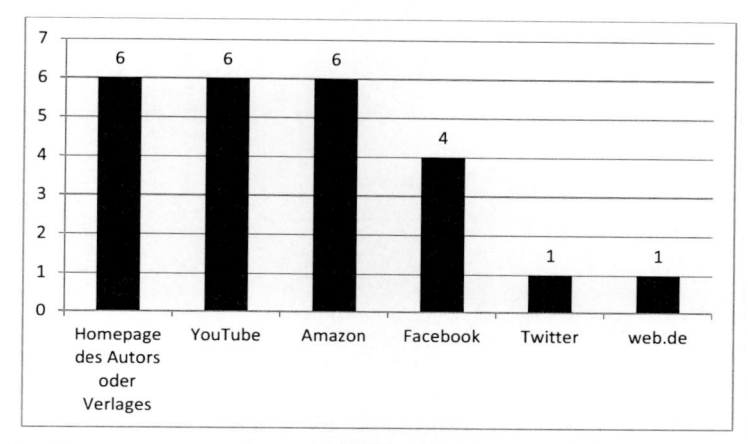

Abbildung 27: Antworten zu F3: Auf welchen Webseiten haben Sie Buchtrailer bereits gesehen? (eigene Darstellung)

4.4.2. Vergleich der beiden Buchtrailer „Verstummt" und „Todesfrist"

Im Fragebogen gab die große Mehrzahl der Probanden (16) an, dass Ihnen der Buchtrailer zu „Verstummt" besser gefallen hätte als der Buchtrailer zu „Todesfrist". 3 Teilnehmern gefiel der Buchtrailer zu „Todesfrist" besser und ein Teilnehmer gab an, beide Trailer gleich gut bzw. schlecht zu finden.

Nach diesem Urteil sollten die Probanden ihre Bewertung kurz begründen. Um sie dabei möglichst wenig zu beeinflussen, wurden hier keine Items vorgegeben, sondern jeder Teilnehmer sollte frei formulieren, was ihm am jeweiligen Trailer besonders gut oder besonders wenig gefallen hatte (komplette Antworten siehe Anhang). Diese Stichpunkte ließen sich grob zusammenfassen (vgl. Tabelle 4).

Verstummt	Todesfrist
+ Sprecherstimme (Voice Over) (4x)	+ aussagekräftig (4x)
+ Bildelemente / Schauspieler verwendet (4x)	- zu viel Text (5x)
+ spannend (3x)	- eintönig/langatmig (5x)
+ professionell (1x)	- Text schlecht lesbar (3x)
+ vom Klappentext abweichende Information (1x)	- gibt nur den Klappentext wider (2x)
- zu kurz (1x)	
- zu wenig Information (1x)	

Tabelle 4: Positive und negative Aussagen bzgl. der Trailer zu "Verstummt" und "Todesfrist" (eigene Darstellung)

Die Teilnehmer wurden weiterhin darüber befragt, wie sie die Länge der beiden gezeigten Trailer einschätzten. Dabei wurde ihnen eine 5-Punkte-Skala zur Auswahl vorgegeben, die zwischen „viel zu kurz" und „viel zu lang" abstufte. Es zeigte sich, dass die meisten der Befragten den Trailer zu „Verstummt" in seiner Länge als „genau richtig" beurteilten, während beim Trailer zu „Todesfrist" der Großteil die Länge als „etwas zu lang" einschätzte.

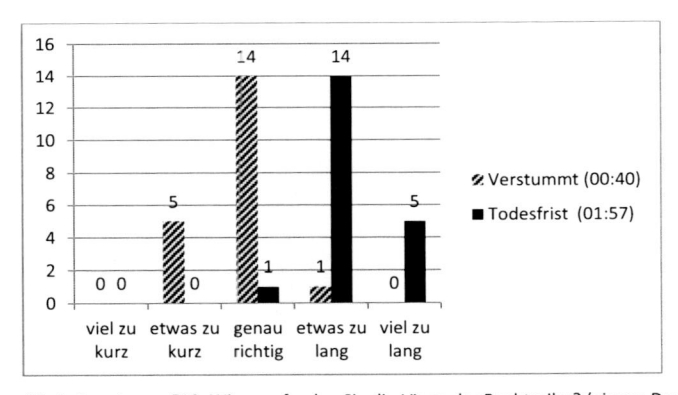

Abbildung 28: Antworten zu F10: Wie empfanden Sie die Länge der Buchtrailer? (eigene Darstellung)

Die Frage nach der empfundenen Länge wurde durch die Auswertung der Eye-Tracking Daten im ersten Versuchsteil ergänzt: Hierbei wurde zum einen analysiert, wie lange die Teilnehmer den einmal begonnenen Trailer anschauten, bevor sie „vorspulten" oder ganz abbrachen. Zum anderen wurde ermittelt, wie lange die Blicke der Teilnehmer tatsächlich auf das Fenster gerichtet blieben, in welchem der Trailer abgespielt wurde, und ab welchem

Zeitpunkt sie begannen, zu anderen Punkten der Webseite abzuschweifen. Hierbei zeigte sich, dass von den 5 Testpersonen, welche den Trailer zu „Verstummt" im ersten Teil der Versuchsanordnung gesehen hatten, 4 den Trailer komplett abspielten und ohne Blickabschweifung betrachteten, und ein Teilnehmer ihn nach 20 Sekunden abbrach. Bei dieser Person schweifte der Blick bereits nach 5 Sekunden ab.

Von den 9 Personen, die den Trailer zu „Todesfrist" im ersten Teil der Versuchsanordnung gesehen hatten, gab es nur eine, welche den Trailer komplett abspielte und ohne Blickabschweifung betrachtete. Zwei spielten den Trailer zwar bis zum Ende ab, schweiften jedoch nach 01:25 bzw. 01:24 mit ihren Blicken zu anderen Elementen der Webseite. Die 6 übrigen Testpersonen, welche den Trailer nicht vollständig betrachteten, brachen nach durchschnittlich 36 Sekunden ab.

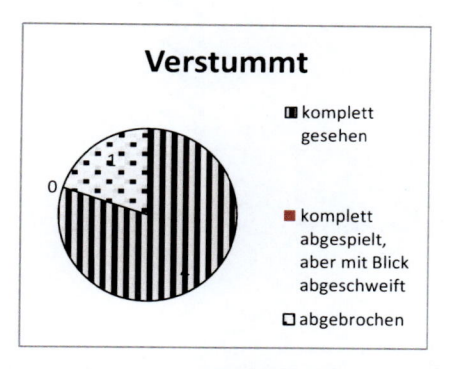

Abbildung 29: Betrachtung des Trailers zu "Verstummt" (eigene Darstellung)

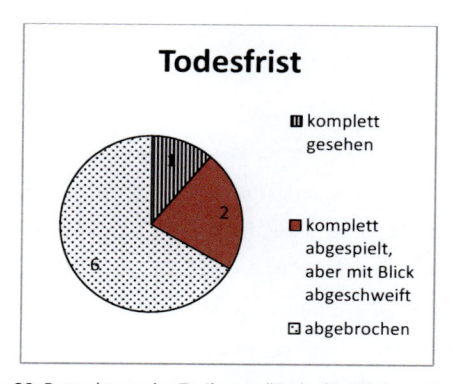

Abbildung 30: Betrachtung des Trailers zu "Todesfrist" (eigene Darstellung)

Bei der Frage „Haben die Buchtrailer Ihr Interesse an den Büchern geweckt?" wurden den Teilnehmern drei mögliche Antwortalternativen vorgegeben (ja, sehr / ein wenig / gar nicht). Auch hier zeigte sich, dass der „Verstummt"-Trailer tendenziell mehr Interesse für das entsprechende Buch wecken konnte als der „Todesfrist"-Trailer, wobei jedoch die Anzahl der Testpersonen, welche angab, die Trailer hätten ihr Interesse an den Büchern sehr geweckt, bei beiden Trailern gleich war (4 Personen).

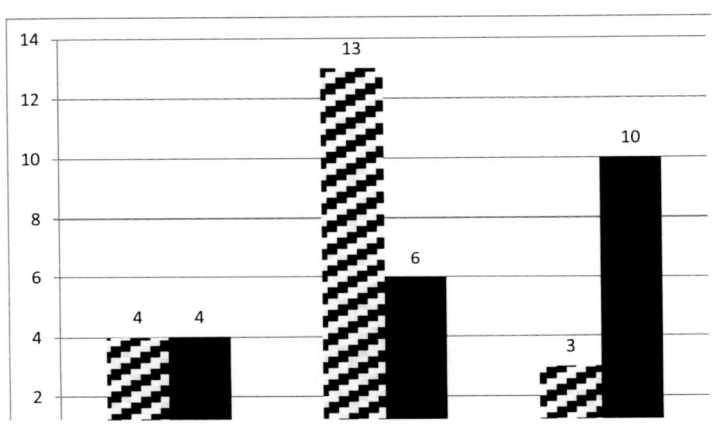

Abbildung 31: Antworten zu F11: Haben die Buchtrailer Ihr Interesse an den Büchern geweckt? (eigene Darstellung)

Im zweiten Teil der Versuchsanordnung wurden allen Teilnehmern beide Trailer ohne Abbruchmöglichkeit im Vollbildmodus vorgeführt. Hierbei lief NYAN im Modus Mediashow-Projekt, sodass sehr genaue Angaben über Fixationsdauer und Häufigkeit verschiedener Areas of Interest gemacht werden können.

Als Areas of Interest wurden in beiden Trailern der Titel des Buches, der Autorenname sowie der Verlag definiert. Dabei ergab sich, dass im Trailer zu „Verstummt" der Titel 2x, der Name der Autorin 2x und der Verlagsname/logo 1x gezeigt wurde. Im Trailer zu „Todesfrist" wurde der Autorenname 4x, der Titel 2x und der Verlag 2x gezeigt. Um die Fixationshäufigkeiten und -dauern auf den jeweiligen AOIs miteinander vergleichen zu können, wurde zunächst für jeden Trailer die Zeitspanne ermittelt, in der insgesamt Titel, Autorenname und Verlag sichtbar waren – diese entspricht also der maximal möglichen Fixationsdauer eines Teilnehmers, wenn dieser zu jedem möglichen Zeitpunkt z.B. den Autorennamen fixiert hätte.

An der Verteilung innerhalb der Tabelle 5 zeigt sich, dass im Trailer zu „Todesfrist" der Fokus deutlich stärker auf dem Autor liegt. Zum einen wird sein Name in den positiven Bewertungen der Autorenkollegen am Ende des Trailers genannt, zum anderen folgt nach der Abbildung von Cover und bibliografischen Informationen nochmals eine Vorstellung des Autors (mit Bild) und seiner anderen, bislang erschienenen Werke. Der Trailer von „Verstummt" ist insgesamt kürzer und richtet seinen Fokus stärker auf den Titel. Dieser wird direkt nach dem eigentlichen Trailer für mehrere Sekunden in Vollbild eingeblendet und ist danach noch auf dem abgebildeten Buchcover deutlich zu lesen.

Sichtbarkeit in Sekunden	**Verstummt**	**Todesfrist**
Autorenname	7,84	21,88
Buchtitel	8,76	4,6
Verlag	4,44	4,96

Tabelle 5: Sichtbarkeit verschiedener AOIs nach Trailer (eigene Darstellung)

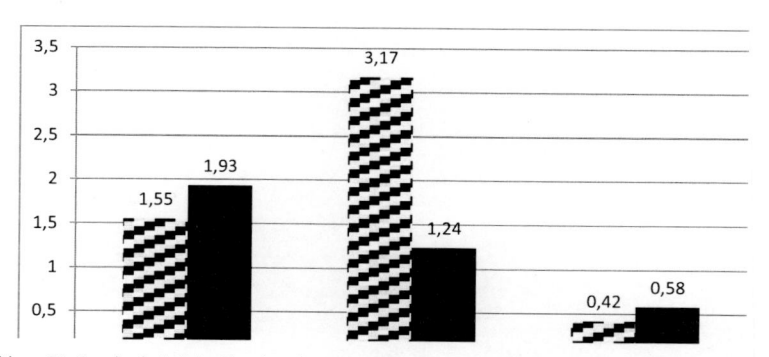

Abbildung 32: Durchschnittliche Fixationsdauern in Sekunden nach Trailer und AOIs (eigene Darstellung)

Dieser Fokus spiegelt sich auch in den gemessenen durchschnittlichen Fixationsdauern und Fixationshäufigkeiten wider. Während beim Trailer zu „Todesfrist" die Teilnehmer im Durchschnitt häufiger und länger den Autorennamen fixierten, lag der Trailer zu „Verstummt", sowohl was Fixationsdauer als auch was Fixationshäufigkeit anbelangt, beim Titel eindeutig vorn. Beim Verlagsnamen sind die Unterschiede zwischen beiden Trailern weniger stark ausgeprägt, jedoch lagen hier sowohl die durchschnittliche Fixationsdauer als auch die durchschnittliche Fixationshäufigkeit beim Trailer zu „Todesfrist" leicht über denen vom Trailer zu „Verstummt".

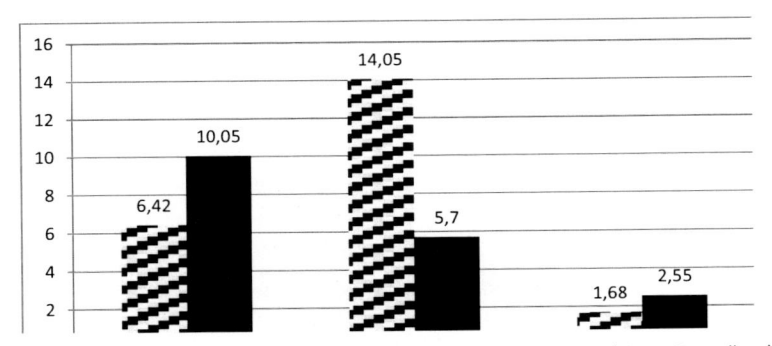

Abbildung 33: Durchschnittliche Fixationshäufigkeiten nach Trailer und AOIs (eigene Darstellung)

Um die durchschnittlichen Fixationsdauern nicht nur absolut, sondern auch relativ zu bestimmen, wurden diese ins Verhältnis zur Sichtbarkeit der entsprechenden AOIs innerhalb der Trailer gesetzt. Hierbei zeigte sich, dass nun der Trailer zu „Verstummt" sowohl beim Autor als auch beim Titel eine deutlich höhere relative Fixationsdauer aufwies. Der Trailer zu „Todesfrist" verzeichnete lediglich bei der relativen Fixationsdauer des AOIs Verlag einen leicht höheren Wert.

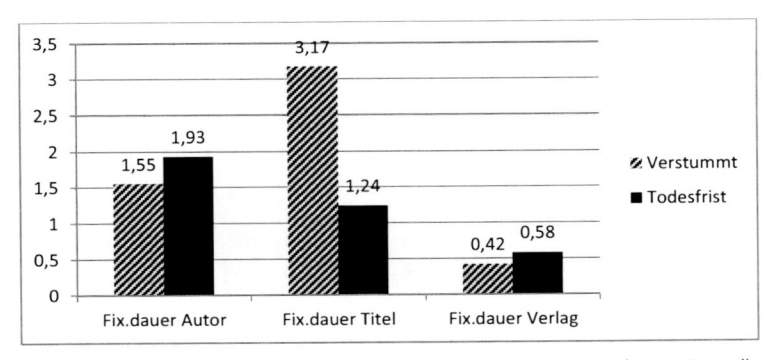

Abbildung 34: Durchschnittliche relative Fixationsdauer nach Trailer und AOIs (eigene Darstellung)

4.4.3. Korrelationen

Um Korrelationen zwischen den mittels Fragebogen erhobenen Einstellungen und Kenntnissen der Teilnehmer und ihren Eye-Tracking-Daten ermitteln zu können, wurden in einem ersten Schritt einzelne Fragen und deren Antworten codiert und zu numerischen Indizes addiert.

Der erste solche Faktor wurde als Buch-Involvement-Faktor bezeichnet. Dieser ergibt sich aus der Zusammenlegung der beiden letzten Fragen:

F12: „Wie häufig Lesen Sie in einem Buch (Romane und/oder Sachbücher; KEINE studienbezogene Fachliteratur!)? – täglich / mehrmals pro Woche (3) – einmal pro Woche / einmal in 14 Tagen (2) – einmal pro Monat oder seltener (1) – nie (0)"

F13: „Vervollständigen Sie diesen Satz: „Bücher spielen in meinem Leben …" – eine sehr große Rolle (3) – eine große Rolle (2) – keine große Rolle (1) – gar keine Rolle (0)"

Den Antworten wurden jeweils Werte von 0 – 3 zugeordnet. Durch eine Addition der Werte beider Fragen ergibt sich somit ein Faktor, der zwischen 0 und 6 Punkten liegt, wobei 0 ein sehr niedriges Buch-Involvement ausdrückt und 6 ein sehr hohes.

Ein zweiter Faktor wurde als Buchtrailer-Involvement-Faktor benannt. Dieser ergibt sich aus der Zusammenlegung von Frage 1, 2 und 4:

F1: „Haben Sie vor dieser Studie schon einmal den Begriff „Buchtrailer" gehört? – Ja (2) – Nein (0)"

F2: „Haben Sie vor dieser Studie schon einmal einen Buchtrailer gesehen? – Ja (2) – Nein (0)"

F4: „Glauben Sie, dass ein Buchtrailer, den Sie gesehen haben, schon einmal Einfluss auf Ihre Kaufentscheidung hatte? – Ja (2) – Nein (0)"

Auch dieser Faktor kann zwischen 0 und 6 Punkten liegen, wobei 0 sein sehr niedriges und 6 ein sehr hohes Buchtrailer-Involvement ausdrückt.

Der dritte Faktor ist der Online-Affinitäts-Faktor. Grundlage hierfür ist die Frage 7 im Fragebogen. Diese lautet „Hatten Sie sich vor dieser Studie bereits einmal online über Bücher informiert?" Die Versuchspersonen konnten für die drei Möglichkeiten „amazon.de", „weltbild.de" und „andere Händler" jeweils angeben, ob sie sich bei diesen Online-Händlern bislang „noch nie" (0), „selten" (1) oder „regelmäßig" (3) über Bücher informiert hatten. Die

Punktwerte der drei möglichen Händler wurden zu einem Index addiert, welcher zwischen 0 und 9 Punkten liegen kann, wobei 0 eine sehr niedrige und 9 eine sehr hohe Online-Affinität im Bereich Bücherkauf ausdrückt.

Bei der statistischen Auswertung der Daten mittels SPSS wurden folgende Korrelationen festgestellt:
- Buch-Involvement-Faktor und Buchtrailer-Involvement-Faktor korrelieren mit einem Faktor von 0,218
- Online-Affinitäts-Faktor und Buchtrailer-Involvement-Faktor korrelieren mit einem Faktor von 0,113
- Der Online-Affinitäts-Faktor korreliert mit der Tatsache, dass der Teilnehmer beim ersten Teil des Versuchsaufbaus einen Trailer angesehen hatte, mit einem Faktor von 0,217
- Der Buch-Involvement-Faktor korreliert mit dem Geschlecht (Merkmal „Weiblichkeit") mit einem Faktor von 0,55
- Die Tatsache, dass der Teilnehmer beim ersten Teil des Versuchsaufbaus einen Trailer angesehen hatte, korreliert mit dem Geschlecht (Merkmal „Weiblichkeit") mit einem Faktor von -0,287
- Der Buch-Involvement-Faktor korreliert mit der Tatsache, dass der Teilnehmer beim ersten Teil des Versuchsaufbaus einen Trailer angesehen hatte, mit einem Faktor von -0,389

4.5. Diskussion

Im ersten Teil der Diskussion werden die einzelnen Hypothesen abgelehnt oder bestätigt und es wird weiterhin versucht, die Ergebnisse des Versuches zu erklären. Danach wird auf die wissenschaftlichen Gütekriterien Reliabilität, Validität, Objektivität und Repräsentativität sowie auf Schwächen der Studie eingegangen.

4.5.1. Überprüfung der aufgestellten Hypothesen

Die erste aufgestellte Hypothese lautete „H1: Eine relevante Zahl von Käufern (mindestens 20%) nimmt Trailer wahr, wenn sie sich online über ein Buch informiert."

Diese Hypothese kann aufgrund der Ergebnisse des Versuchs klar bestätigt werden. Im Versuch schauten sich 12 von 20 Teilnehmern zumindest auf einer der beiden untersuchten Webseiten den Buchtrailer an, als ihnen die Aufgabe gestellt wurde, sich über den entsprechenden Buchtitel zu informieren. Dies entspricht 60% der Teilnehmer und liegt damit noch deutlich über dem in der Hypothese formulierten Mindestwert von 20%.

Die zweite Hypothese war: „H2: Buchtrailer sind geeignet, das Interesse an einem Buch zu steigern und somit die Kaufentscheidung zu beeinflussen." Zwar stimmten im Fragebogen nur 3 von 20 Teilnehmern der Aussage zu, zu glauben, dass ein Buchtrailer ihre Kaufentscheidung bereits einmal beeinflusst hatte. Allerdings muss hierbei berücksichtigt werden, dass nur 13 Teilnehmer überhaupt schon einmal einen Buchtrailer gesehen hatten. Auf die Frage, inwiefern die beiden Buchtrailer zu den Titeln „Verstummt" und „Todesfrist" ihr Interesse an den Büchern gesteigert hätten, antworteten immerhin 4 Teilnehmer je Trailer mit „ja, sehr". Somit kann der Aussage, dass Buchtrailer prinzipiell dazu geeignet sind, das Interesse an einem Buch zu steigern, zugestimmt werden.

Die dritte Hypothese lautete „H3: Buchtrailer werden in der Regel später wahrgenommen als andere Marketinginstrumente und können daher erst bei intensiver Suchabsicht des Käufers wirken."
Im Durchschnitt dauerte es im ersten Teil des Versuches 112,8 Sekunden, also fast 2 Minuten, bis die Teilnehmer, welche sich über einen Buchtitel informieren sollten, den entsprechenden Buchtrailer anklickten. Dies ist ein vergleichsweise langer Zeitraum; andere Marketinginstrumente wurden in der Regel deutlich früher im Suchprozess fixiert. Somit kann auch dieser Hypothese zugestimmt werden.

„H4: Vielleser schauen eher Buchtrailer an, wenn sie sich über ein Buch informieren als Personen, die wenig lesen." war die vierte Hypothese. Diese sollte mit Hilfe der Korrelation zwischen dem Buch-Involvement-Faktor und dem Betrachten eines Trailers im ersten Teil des Versuchsaufbaus überprüft werden. Allerdings lag der Korrelationskoeffizient zwischen diesen beiden Variablen bei -0,389, was einer mittleren negativen Korrelation entspricht. Das heißt, der ermittelte Zusammenhang war umgekehrt wie vermutet. Diejenigen Teilnehmer, welche besonders viele Bücher lasen und Büchern einen wichtigen Platz in ihrem Leben einräumten, sahen sich tendenziell mit geringerer Wahrscheinlichkeit einen Buchtrailer an als

andere. Möglicherweise kann dies mittels einer dritten erhobenen Variable – dem Geschlecht – erklärt werden. Der Buch-Involvement-Faktor war bei den weiblichen Teilnehmern signifikant höher als bei den männlichen (Korrelation von 0,55). Somit könnte der Grund für die negative Korrelation zwischen Buchtrailer-Betrachtung und Buch-Invovlement-Faktor darin begründet liegen, dass männliche Versuchsteilnehmer häufiger Buchtrailer nutzen, um sich online über Bücher zu informieren.
Die Hypothese vierte muss somit abgelehnt werden.

Die fünfte Hypothese lautete: „H5: Regelmäßige Online-Käufer schauen eher Buchtrailer an, wenn sie sich über ein Buch informieren als Personen, die selten online einkaufen." Wie unter Punkt 4.4.3. dargestellt, korrelierte im Versuch der Online-Affinitäts-Faktor mit der Tatsache, dass der Teilnehmer beim ersten Teil des Versuchsaufbaus einen Trailer angesehen hatte, um sich über die Buchtitel zu informieren, mit einem Faktor von 0,217. Dies entspricht lediglich einer schwachen Korrelation beider Größen, sodass dieser Zusammenhang nicht eindeutig gezeigt werden konnte. Die Hypothese kann somit weder bestätigt noch widerlegt werden.

Die sechste Hypothese war: „H6: Die Länge eines Buchtrailers sollte 2 Minuten nicht überschreiten."
Um diese Hypothese zu beantworten, wurden die zwei Trailer zu „Verstummt" und „Todesfrist", mit bewusst unterschiedlichen Längen gewählt. „Todesfrist" ist knapp 2 Minuten lang und wurde von 14 Teilnehmern als „etwas zu lang" und von 5 Teilnehmern als „viel zu lang" bezeichnet. Nur 1 Teilnehmer empfand die Länge als „genau richtig". Auch bei der offenen Fragestellung zur Einschätzung der Trailer wurde die Länge mehrfach als negativer Aspekt des Trailers zu „Todesfrist" genannt (vgl. Tabelle 4). Zudem sah nur 1 Proband den Trailer zu „Todesfrist" im ersten Teil des Versuchsaufbaus bis zum Ende an, während 4 den Trailer zu „Verstummt" vollständig sahen. Auch die deutlich höheren relativen Fixationsdauern der AOIs des Trailers zu „Verstummt" im Vergleich zu „Todesfrist" (vgl. Abbildung 34) können teilweise mit der Länge erklärt werden: Möglicherweise lässt die Aufmerksamkeit der Rezipienten innerhalb von etwa 1,5 Minuten bereits so stark nach, dass diese weniger Interesse für weitere Informationen (Titel des Buches, Autor und Verlag) am Ende des Trailers aufbringen. Somit kann die sechste Hypothese bestätigt werden, wobei einschränkend hinzugefügt werden soll, dass die für den Rezipienten angenehme Länge eines Trailers auch von dessen Inhalten abhängt, sodass ein besonders gut gemachter Trailer durchaus auch etwas länger sein kann als

ein schlecht gemachter. Dennoch waren die Ergebnisse hier so eindeutig, dass eine Länge von mehr als 2 Minuten für einen Buchtrailer nicht empfohlen werden kann.

Die siebte Hypothese lautete: „H7: Filmtrailern nachgebildete Buchtrailer wecken mehr Interesse als textlastige Trailer."
Im Versuch wurden die Schauspiel-Trailer, welche Filmtrailern nachgebildet sind, durch den Trailer zum Buchtitel „Verstummt" repräsentiert. Textlastige Trailer wurden durch den Trailer zum Buchtitel „Todesfrist" repräsentiert. Betrachtet man nur diese beiden Beispiele im Vergleich muss man der Hypothese zustimmen – nicht nur gab die große Mehrzahl der Teilnehmer (16) an, dass ihnen der Buchtrailer zu „Verstummt" besser gefallen hätte, was sich auch in der schriftlichen Bewertung im offenen Aufgabenteil widerspiegelte, auch beim Wecken des Interesses für das Buch lag der Trailer zu „Verstummt" vorn (vgl. Abbildung 31). Allerdings ist es problematisch, diese beiden Trailer als repräsentativ für die beiden Trailerformen Schrift-Trailer und Schauspiel-Trailer zu betrachten. Insbesondere bei den Schrift-Trailern gibt es Beispiele, in denen auf sehr kreative und abwechslungsreiche Weise mit den eingeblendeten Textelementen „gespielt" wird (siehe Seite 20). Im Trailer zu „Todesfrist" hingegen werden die Schriftzüge in sehr ähnlicher Art und Weise und in gleichen Abständen eingeblendet, was auf viele Probanden eintönig wirkte. Es ist daher durchaus denkbar, dass sich bei der Auswahl eines anderen Schrift-Trailers eine andere Verteilung ergeben hätte. Dafür sprechen auch die Ergebnisse der unter Punkt 1.2. erwähnten empirischen Untersuchung unter Studierenden der Johannes Gutenberg-Universität Mainz von 2009. Auch dort wurde ein Vergleich der drei Trailerformen vorgenommen, wobei der Schrifttrailer (vertreten durch „Dear American Airlines") die besten Werte in den Bereichen Unterhaltung und Kaufbereitschaft erzielte[89], was den Ergebnissen des Versuches in diesem Buch widerspricht. Es ist somit nicht möglich, eine der drei Trailerformen eindeutig als beste zu belegen, da die Variabilität der einzelnen Trailer innerhalb der Formen zu groß ist. Festhalten lässt sich jedoch, dass zu lange Trailer sowie Eintönigkeit/Wiederholungen in der Darstellung von den Rezipienten negativ beurteilt werden. Was den akustischen Fokus anbetrifft, zeigte sich ein positives Feedback zu Voice-Overn (vgl. Tabelle 4).

---

[89] Vgl. Ebenau (2011), S. 296.

Die achte Hypothese lautete: „H8: Die Platzierung des Trailers auf der Verkaufsseite des Online-Buchhändlers hat einen entscheidenden Einfluss darauf, ob der Trailer wahrgenommen wird oder nicht."

Die beiden untersuchten Webseiten amazon.de und weltbild.de wiesen erhebliche Unterschiede bezüglich der Wahrnehmbarkeit der Trailer auf. Auf weltbild.de wurden sowohl deutlich mehr Trailer angeschaut als auch die Trailerfenster von mehr Probanden fixiert als dies auf amazon.de der Fall war (vgl. Abbildung 24 und 26). Durch die Einteilung aller Probanden in 2 Gruppen wurde sichergestellt, dass dieser Unterschied nicht mit den untersuchten Titeln zusammenhing. Obwohl auf weltbild.de nach unten gescrollt werden muss, um das Trailerfenster sichtbar zu machen, werden Buchtrailer dort eher bemerkt, da das Fenster, in dem sie abgespielt werden können, größer abgebildet ist. Die achte Hypothese konnte somit bestätigt werden.

4.5.2.   Prüfung der wissenschaftlichen Gütekriterien

Was die wissenschaftlichen Gütekriterien anbetrifft, ist das Hauptproblem des Versuches die geringe Stichprobengröße von N=20 Teilnehmern. Diese ergab sich zum einen durch die begrenzten Möglichkeiten, mehr Teilnehmer für den Versuch zu aktivieren und zum anderen durch den hohen Aufwand bei der Auswertung der Messdaten. Durch die geringe Größe ist nur eine eingeschränkte Repräsentativität der Stichprobe für die Grundgesamtheit (alle Studierenden an der HTWK Leipzig) gegeben.

Die geringe Stichprobengröße führt zudem zu einer eingeschränkten Reliabilität der Versuchsergebnisse. Insbesondere schwache Korrelationen sind möglicherweise nur zufallsbedingt; bei einer Wiederholung der Versuchsanordnung mit anderen Teilnehmern könnten sich durchaus abweichende Werte ergeben. Somit können nur Ergebnisse mit eindeutiger Tendenz als reliabel betrachtet werden, während kleine Abweichungen als zufällig angesehen werden müssen.

Die Objektivität des Versuchs ist aufgrund der Methodik des Eye-Trackings als hoch einzustufen. Mittels Eye-Tracking werden konkrete Messdaten erhoben, welche wenig Interpretationsspielraum für den Auswertenden zulassen. Eine Beeinflussung wäre lediglich durch die Einweisung der Probanden zu Beginn des Versuchsaufbaus möglich gewesen. Hierbei wurde versucht, bei allen Probanden möglichst den gleichen Wortlaut zu verwenden. Da die Probanden zu diesem Zeitpunkt den Zweck des Versuches nicht kannten, ist eine Beeinflussung als unwahrscheinlich einzustufen. Eine Beeinflussung der Antworten im Fragebogen durch die Reihenfolge der Items (Primacy-Effekt) wurde durch unterschiedliche Fragebögen in den beiden Gruppen minimiert.

Was die Validität anbetrifft ist einschränkend anzumerken, dass wie unter Punkt 4.2. dargestellt, die Messung von Augenbewegungen zwar Rückschlüsse über die Wahrnehmung und somit Informationsaufnahme der Teilnehmer gezogen werden können, die „nackten Zahlen" jedoch keine Rückschlüsse auf die Gedanken der Probanden im Moment der Informationsaufnahme, auf deren positive oder negative emotionale Reaktion, zulassen. Um diesen Nachteil abzumildern wurde der Fragebogen entworfen, welchen die Probanden im Anschluss an den Eye-Tracking-Versuch ausfüllten. Decken sich die mittels Eye-Tracking gewonnenen Informationen mit denen des Fragebogens, kann von einer prinzipiell hohen Zuverlässigkeit dieser Erkenntnisse ausgegangen werden.

Weitere Schwächen der Studie liegen in der nicht-biotischen Untersuchungssituation. Die Versuchsteilnehmer wurden angewiesen, ihren Kopf während des Versuches möglichst nicht zu bewegen. Mehrere Teilnehmer äußerten nach dem Versuch, dass es ihnen dadurch schwer gefallen sei, sich natürlich zu verhalten. Zudem ist es möglich, dass durch die Versuchssituation stärkere Hemmungen bestanden, ein Video aufzurufen, als dies im natürlichen Umfeld „Zuhause" der Fall gewesen wäre. Obwohl allen Teilnehmern ausdrücklich gesagt wurde, dass sie überall hin scrollen und alles anklicken konnten (wobei Videos nicht extra erwähnt wurden, um die Teilnehmer nicht zu beeinflussen), fragten dennoch einige während des Versuches nach, ob sie auch das Video starten dürften. Es ist möglich, dass einige Teilnehmer diese Frage schlicht nicht stellten, sondern davon ausgingen, dass dies im Rahmen der Testbedingung nicht erwünscht oder nicht möglich sei.

Weiterhin war es für die Teilnehmer eine unnatürliche Situation, sich eine vorgegebene Zeitspanne lang über ihnen vorgegebene Bücher zu informieren. Obwohl versucht wurde, echte Anreize für die Informationssuche zu schaffen, bleibt der Aufbau künstlich. Das vorherige Wissen, dass sie pro Webseite und Titel 3,5 Minuten (also vergleichsweise viel) Zeit hatten, ließ die Teilnehmer möglicherweise länger und intensiver auf bestimmten Bereichen verharren als dies der Fall gewesen wäre, wenn sie sich selbständig einen Eindruck von einem sie interessierenden Buch verschafft hätten.

5. Fazit

Die vorliegende Untersuchung konnte zeigen, dass es zwar schwer ist, „Patentrezepte" zu ermitteln, nach denen Buchtrailer funktionieren und die zu einem garantierten Marketingerfolg führen, dass es allerdings dennoch einige Faktoren gibt, welche vom Verlag berücksichtigt werden sollten, wenn dieser vor der Entscheidung steht, einen Buchtrailer zu produzieren bzw. produzieren zu lassen.

Die Kenntnis über die verschiedenen Trailerformen (nach visuellem und akustischem Fokus) kann dabei helfen, die Machart des Trailers auf den Inhalt des Buches und der beabsichtigten Werbewirkung abzustimmen.

Der wichtigste Distributionskanal für Buchtrailer ist das Internet, sodass Buchtrailer sich besonders bei Titeln eignen, deren Zielgruppe zum Online-Buchkauf neigt, d.h. tendenziell jung, gebildet und einkommensstark ist. Aufgrund der Struktur der momentan am häufigsten genutzten Verbreitungswege von Buchtrailern sind diese zudem eher in der Lage, Kunden anzusprechen, welche bereits gezielt nach dem entsprechenden Titel und/oder Autor suchen.

Im dritten Kapitel der vorliegenden Studie konnte dargestellt werden, dass Trailer im Internet ein potentiell beliebtes und wirksames Werbeinstrument darstellen; dabei sollte allerdings von zu invasiver Einbindung abgesehen werden, da diese von den Rezipienten leicht als störend empfunden wird.

Es bestehen momentan noch deutliche Grenzen, was die Wirksamkeit des Werbeinstruments Buchtrailer angeht. Dies ist insbesondere darauf zurückzuführen, dass Buchtrailer vielen potentiellen Kunden noch nicht bekannt sind, weshalb sie eher übersehen werden als bereits etablierte Werbeinstrumente. Zudem konnte gezeigt werden, dass Buchtrailer erst relativ spät im Prozess der Informationssuche über ein Buch von den Kunden herangezogen werden. Beim oberflächlichen Stöbern werden sie mit hoher Wahrscheinlichkeit nicht wahrgenommen.

Wenn die Trailer den Kunden nicht „fesseln" oder schlicht zu lang sind, werden sie häufig nicht bis zum Ende angesehen, was vor allem deshalb negativ ins Gewicht fällt, weil Titel und Autor in der Regel erst am Ende eines Buchtrailers genannt werden. Die Werbebotschaft des Trailers wird durch den Abbruch daher erheblich geschmälert. Somit ist es ratsam, Buchtrailer

nicht mit einer Länge über 2 Minuten zu produzieren oder ggf. Titel und Autor, entgegen der momentan üblichen Vorgehensweise, zu Beginn des Trailers einzublenden.
Die qualitative Befragung im Versuch ergab, dass Rezipienten in der Regel erwarten, dass der Buchtrailer einen Informations- oder Emotions-Mehrwert gegenüber dem Klappentext besitzt, dass er Spannung erzeugt und unterhält. Das Element Voice-Over wurde als besonders positiv wahrgenommen; besonders negativ dagegen Eintönigkeit und Länge.

In der empirischen Untersuchung an der Johannes Gutenberg-Universität Mainz aus dem Jahr 2009 gab lediglich ein Fünftel der befragten Studierenden an, bereits einen Buchtrailer gesehen zu haben. In der vorliegenden Untersuchung waren es dagegen 13 von 20 Befragten, also zwei Drittel. Dieser starke Anstieg innerhalb weniger Jahre zeigt, dass das Instrument Buchtrailer deutlich an Bedeutung und Aufmerksamkeit bei den Kunden gewonnen hat. Es kann vermutet werden, dass diese Entwicklung sich in den nächsten Jahren fortsetzen wird.

Die vorliegende Untersuchung konnte aufgrund der Einschränkungen bzgl. der Stichprobengröße kaum reliable Ergebnisse liefern. Somit wären weitere, größere Studien über die Nutzung und Wirksamkeit von Buchtrailern nötig, um Verlagen und Buchhandel verlässliche Angaben über deren Potentiale und Grenzen liefern zu können.

Video- und Trailerverzeichnis

Gruber, Andreas: „Todesfrist", verfügbar:
http://www.youtube.com/watch?v=GxM8PB7uXRM (Gesehen: 17.08.2013).

Heldt, Dora: „Herzlichen Glückwunsch, Sie haben gewonnen!", verfügbar:
http://litvideoserver.de/trailerdatenbank/source/mp4/1357641583-1-dtv_doraheldt_buchmesse2012_nowww.mp4 (Gesehen: 17.08.2013).

Kracht, Christian: „Ich werde hier sein im Sonnenschein und im Schatten", verfügbar:
https://www.youtube.com/watch?v=KhqsTkg6yyM (Gesehen: 30.07.2013).

Lobo, Sascha, Passig, Kathrin: „Dinge geregelt kriegen", verfügbar:
http://www.youtube.com/watch?v=YAlGk6NKZHI (Gesehen: 28.07.2013).

Miles, Jonathan: „Dear American Airlines", verfügbar:
http://www.youtube.com/watch?v=7kyQ3-LB0WY (Gesehen: 18.08.2013).

Neuhaus, Nele: „Böser Wolf", verfügbar:
https://www.youtube.com/watch?v=WoWu7b_0IoU (Gesehen: 30.07.2013).

Popescu, Adriana: „5 Tage Liebe", verfügbar:
https://www.youtube.com/watch?v=q1EpGG_GWDw (Gesehen: 30.07.2013).

Slaughter, Karin: „Verstummt", verfügbar: http://www.youtube.com/watch?v=hR3ofPdD59o (Gesehen: 17.08.2013).

Vermes, Timur: „Er ist wieder da", verfügbar:
https://www.youtube.com/watch?v=05fFKGG5GOA (Gesehen: 30.07.2013).

Walder, Brandon: „Dumm sterben", verfügbar:
http://www.youtube.com/watch?v=HV2GKgymXKs (Gesehen: 28.07.2013).

Literaturverzeichnis

Berghaus, N. (2005), Eye-Tracking im stationären Einzelhandel. Eine empirische Analyse der Wahrnehmung von Kunden am Point of Purchase, Köln.

Börsenblatt.net (2013), Buch und Buchhandel in Zahlen. Buchhandlungen, verfügbar: http://www.boersenblatt.net/373298/template/bb_tpl_branchenzahlen/ (Gesehen: 18.07.2013).

Bode, V. (2008), Virales Marketing – die Buchtrailer kommen, in: Börsenblatt.net, verfügbar: http://www.boersenblatt.net/293936/ (Gesehen: 01.06.2013).

Buchreport.de (2013), Verband der Versandbuchhändler taxiert Amazon-Dominanz. Amazon kontrolliert drei Viertel des Online-Buchhandels, verfügbar: http://www.buchreport.de/nachrichten/handel/handel_nachricht/datum/2013/05/14/amazon-kontrolliert-drei-viertel-des-online-buchhandels.htm (Gesehen: 18.07.2013).

Clover-English, S. (2008) The Book Trailer Revolution. Book Marketing and Promotion Through Digital Videos, verfügbar: http://www.cosproductions.com/pdf/BookTrailerRevolution_DigitalVideoMarketing.pdf (Gesehen: 26.07.2013).

Communication Networks 8.0 (2004), Der Markt der Bücher. Verlage, Buchhandel, Kommunikationsstrategien, verfügbar: http://www.medialine.de/media/uploads/projekt/medialine/docs/bestellung_download/marktanalysen/2004/ma_buecher_200410.pdf (Gesehen: 28.08.2013).

Ebenau, K. (2011), „Als die Bücher laufen lernten ..." Buchtrailer als Marketinginstrument in der Verlagsbranche, in: Gutenberg-Jahrbuch, Band 86, S. 290 – 298.

FILMZ (2013), Filmanmeldung FILMZ. Festival des deutschen Kinos, verfügbar: http://img.filmz-mainz.de/uploads/2013/05/FILMZ2013_Einreichformular_neu.pdf (Gesehen: 28.07.2013).

Forschungsgemeinschaft neue Medien e.V. (Hrsg.) (2009), Bewegung im Netz – Teil 1. Erfolgsfaktoren von Online-Video-Ads – Ergebnisse für Marketing und Media, verfügbar: http://www.swissmediatool.ch/_files/researchDB/324.pdf (Gesehen: 12.08.2013).

Freund, W. (2008), Der Film zum Buch, in: Welt Online, verfügbar: http://www.welt.de/welt_print/article2776805/Der-Film-zum-Buch.html (Gesehen: 01.06.2013).

Führer, B. (2010), Mehrverkauf dank Buchtrailer, in: Anzeiger. Das Magazin für die österreichische Buchbranche, verfügbar: http://www.buecher.at/show_content.php?sid=122&detail_id=3431 (Gesehen: 01.06.2013).

Godlewsky, T. (2008), Trailer, in: Erlhoff, M./Marshall, T. (Hrsg.), Wörterbuch Design, Basel.

Harrassowitz, O. (1989), Das Buch in Praxis und Wissenschaft. 40 Jahre Deutsches Bucharchiv München, in: Vodosek, P. (Hrsg.), Buchwissenschaftliche Beiträge aus dem deutschen Bucharchiv München, Band 25.

Hediger, V. (2005), Der Trailer, das Schlüsselelement jeder Filmwerbekampagne, in: Hediger, V./Vonderau, P. (Hrsg.), Demnächst in Ihrem Kino. Grundlagen der Filmwerbung und Filmvermarktung. Marburg, S. 272 – 281.

Hediger, V. (2001), Verführung zum Film. Der amerikanische Kinotrailer seit 1912, Marburg.

Heimann, H. (2005), Zur besten Sendezeit, in: Börsenblatt, Ausgabe 26, S. 28f.

Heinefilm (o.J.), Schaltkosten Kinowerbung, verfügbar: http://www.heinefilm.de/de/Kosten/Schaltkosten/ (Gesehen: 21.07.2013).

Hofer, N./Mayerhofer, W. (2010), Die Blickregistrierung in der Werbewirkungsforschung. Grundlagen und Ergebnisse, in: Der Markt – Journal für Marketing, Heft 3-4, S. 143 - 169.

Ibusiness (2010), Die umsatzstärksten deutschen Online-Shops, verfügbar: http://www.ibusiness.de/wrapper.cgi/www.ibusiness.de/files/iBusiness_Poster_Onlineshops_2011.pdf (Gesehen: 13.08.2013).

InteractiveMedia/United Internet Media/Yahoo! Deutschland (2011), Brands in (E)Motion Werbewirkung von Bewegtbildformaten im Internet, verfügbar: l.yimg.com/a/i/de/pdf/insights/brandsinemotion.pdf (Gesehen: 17.08.2013).

Joos, M/Rötting, M./Velichkovsky, B.M. (2002), Bewegungen des menschlichen Auges: Fakten, Methoden und innovative Anwendungen, verfügbar: http://tu-dresden.de/die_tu_dresden/fakultaeten/fakultaet_mathematik_und_naturwissenschaften/fachrichtung_psychologie/i3/applied-cognition/publikationen/pdf/joos2002.pdf (Gesehen: 09.06.2013).

Keitz, B. (2012), Der Erfolg der apparativen Marktforschung – Basis und Status, in: transfer Werbeforschung & Praxis, 58 (2), S. 32-40.

Kerstan, P. (2002), Bildsprache, in: Schult, G./Buchholz, A. (Hrsg.), Fernsehjournalismus. Ein Handbuch für Ausbildung und Praxis, 6. Auflage, München, S. 22-45.

Klaasen, K. (1997), „Morgen, Gleich, Jetzt ...". Trailer als Zugpferde für das Programm, in: Hickethier, K./Bleicher, J. (Hrsg.): Trailer, Teaser, Appetizer. Zu Ästhetik und Design der Programmverbindung im Fernsehen, Hamburg, S. 27-240.

Koeffler, M. (2009), Werben mit Buchtrailern, in: BuchMarkt, April, S. 81.

Kreutzer, R. T. (2009), Praxisorientiertes Dialog-Marketing: Konzepte, Instrumente, Fallbeispiele, Wiesbaden.

Kult-Literaten (2013), Milan Pawlowski: „Ein guter Buchtrailer weckt Erwartungen, die beim Kauf erfüllt werden", verfügbar: http://www.kult-literaten.de/Milan_Pawlowski (Gesehen: 26.07.2013).

LitVideo (o.J.), Wir bringen Videos in Onlineshops, verfügbar: http://litvideo.de/videos_in_onlineshops (Gesehen: 04.08.2013).

LitVideo (2013), Buchtrailer-Charts 2013, verfügbar: http://www.litvideo.de/buchtrailer-charts-top20-2013

Lindstrom, M. (2008), Making Sense. Die Multisensorik von Produkten und Marken, in: Häusel, H.-G. (Hrsg.), Neuromarketing. Erkenntnisse der Hirnforschung für Markenführung, Werbung und Verkauf, Freiburg, S. 157-169.

Mathias, N. (2009), Wenn Worte Gestalt annehmen, in: buch-pr.de, verfügbar: http://www.buch-pr.de/thema_93.shtml (Gesehen: 19.07.2013).

Müller, A.H. (2003), Geheimnisse der Filmgestaltung. Montage und Filmgestaltung für Filmer, Berlin.

multisense, Institut für Multisensorisches Marketing (o.J.), Multisensorisches Marketing, verfügbar: http://www.multisense.net/multisense/multisensorik (Gesehen: 03.08.2013).

Nufer, G. / Ambacher, V. (2012) Eye-Tracking als Instrument der Werbeerfolgskontrolle, verfügbar: http://tobias-lib.uni-tuebingen.de/volltexte/2012/6369/pdf/Reutlinger_Diskussionsbeitrag_2012_5.pdf (Gesehen: 09.06.2013).

Picot, A./Janello, C. (2007), Wie das Internet den Buchmarkt verändert. Ergebnisse einer Delphistudie, verfügbar: http://library.fes.de/pdf-files/stabsabteilung/05155.pdf (Gesehen: 18.07.2013).

Rehbein, H. (2006), Flotte Filme für frische Bücher, in: buchreport.magazin, Heft 2, Jg. 37, S. 38.

Reinke, C. (2009) Wenn bewegte Bilder an die Regale locken, in: buchreport.magazin, Juli, S. 26f.

Rudloff, S. (2009), Filme als Instrument der Endkundenansprache im Marketingmix von Publikumsverlagen, Diplomarbeit, Suttgart.

Salcher, E.F. (1995), Psychologische Marktforschung, 2. Auflage, Berlin/New York.

Schlag, B. (2013), Lern- und Leistungsmotivation, 4. Auflage, Wiesbaden.

Schneider, G. / Kurt, J. (o.J.), Technische Prinzipien zur Messung der Blickrichtung und der Augenbewegungen, verfügbar: http://www2.hu-berlin.de/reha/eye/Technische%20Prinzipien_Eye.pdf (Gesehen: 09.06.2013).

Schüssel, S. (2010), Nicht zu lang – und mit Pointe, in: Börsenblatt, Ausgabe 34, S. 20.

Schüssel, S. (2010b), Buchtrailer: Das Gefühl im Bauch, in: börsenblatt.net, verfügbar: http://www.boersenblatt.net/393318/ (Gesehen: 30.07.2013).

Statistisches Bundesamt (2013), Bevölkerung nach Altersgruppen, verfügbar: https://www.destatis.de/DE/ZahlenFakten/Indikatoren/LangeReihen/Bevoelkerung/lrbev01.html (Gesehen: 28.08.2013).

Tomorrow Focus AG (2011), AdEffects 2011, verfügbar: http://www.tomorrow-focus-media.de/uploads/tx_mjstudien/TFM_AdEffects_2011.pdf?PHPSESSID=f789d5f0d46aa2f3b19fea536f1bf651 (Gesehen: 17.08.2013).

Unterholzner, A. (2012), Filmtrailer im Internet. Vom Marketing-Tool zum Mitmach-Web, in: filmABC (Hrsg.), filmABC Materialien, No. 47, verfügbar: http://www2.mediamanual.at/pdf/filmabc/47_filmabc_Trailer.pdf (Gesehen: 28.07.2013).

VDZ Verband Deutscher Zeitschriftenverleger (2007), Eye-Tracking. Die Kunst des Augenblickes, Berlin.

Verlagsgruppe Iris Kater (o.J.), Impulse für den Buchkauf, verfügbar: http://www.katercom.de/lelivre/downloads/impulsefuerdenbuchkauf.pdf (Gesehen: 28.07.2013).

Visible Measures (2010), The 100 Million Views Club, verfügbar: http://www.visiblemeasures.com/hundred (Gesehen: 17.08.2013).

Vogel, A. (2011), Der Buchmarkt als Kommunikationsraum. Eine kritische Analyse aus medienwissenschaftlicher Perspektive, Wiesbaden.

Weining, A. (2009), Neuromarketing – Grundlagen, Anwendungsmöglichkeiten und Perspektiven, Diplomarbeit, Norderstedt.

Winter, R./Kagelmann, H.J. (2002), Videoclip, in: Bruhn, H./Oerter, R./Rösing, H. (Hrsg.), Musikpsychologie. Ein Handbuch, 4. Auflage, Hamburg, S. 208 – 220.

Anhang 1: Fragebogen Gruppe 1

Teil 1: Buchtrailer allgemein

1. Haben Sie vor dieser Studie schon einmal den Begriff „Buchtrailer" gehört?

    O Ja   O Nein

2. Haben Sie vor dieser Studie schon einmal einen Buchtrailer gesehen?

    O Ja   O Nein

    → (Falls Sie „Nein" angekreuzt haben, fahren Sie bitte mit Teil 2 fort und überspringen Sie die Fragen 3 und 4)

3. Auf welchen Webseiten haben Sie Buchtrailer bereits gesehen? (Mehrfachantworten möglich)

    ☐ Homepage des Autors oder Verlages
    ☐ YouTube
    ☐ andere Video-Plattformen, nämlich: _____
    ☐ Facebook
    ☐ andere soziale Netzwerke, nämlich: _____
    ☐ Amazon
    ☐ andere Online-Händler, nämlich: _____

4. Glauben Sie, dass ein Buchtrailer, den Sie gesehen haben, schon einmal Einfluss auf Ihre Kaufentscheidung hatte?

    O Ja   O Nein

Teil 2: Einordnung der Studie

5. Hatten Sie vor dieser Studie bereits von einem der Bücher oder der Autoren gehört, über die Sie sich informieren sollten? (Mehrfachantworten möglich)

    ☐ Ja, von „Verstummt" / von Karin Slaughter
    ☐ Ja, von „Todesfrist" / von Andreas Gruber
    ☐ Nein, von keinem der Bücher

6. Hatten Sie vor dieser Studie bereits eines der Bücher gelesen, über die Sie sich informieren sollten? (Mehrfachantworten möglich)

    ☐ Ja, „Verstummt" von Karin Slaughter
    ☐ Ja, „Todesfrist" von Andreas Gruber
    ☐ Nein, keines der Bücher

7. Hatten Sie sich vor dieser Studie bereits einmal online über Bücher informiert?

	Noch nie	Selten	regelmäßig
amazon.de	O	O	O
weltbild.de	O	O	O
andere Händler	O	O	O

Bitte Blatt wenden →

Teil 3: Vorgeführte Buchtrailer „Verstummt" und „Todesfrist"

8. Welcher der beiden Trailer, die Ihnen gezeigt wurden, hat Ihnen besser gefallen?

   O „Verstummt" (Karin Slaughter)
   O „Todesfrist" (Andreas Gruber)
   O Ich fand beide Trailer gleich gut / schlecht

9. Begründen Sie Ihre Entscheidung von Frage 8 kurz!

   _____

   _____

   _____

   _____

10. Wie empfanden Sie die Länge der Buchtrailer?

	viel zu kurz	etwas zu kurz	genau richtig	etwas zu lang	viel zu lang
„Verstummt"	O	O	O	O	O
„Todesfrist"	O	O	O	O	O

11. Haben die Buchtrailer Ihr Interesse an den Büchern geweckt?

	ja, sehr	ein wenig	gar nicht
„Verstummt"	O	O	O
„Todesfrist"	O	O	O

Teil 4: Angaben zu Kauf- und Lesegewohnheiten

12. Wie häufig Lesen Sie in einem Buch (Romane und/oder Sachbücher; <u>KEINE</u> studienbezogene Fachliteratur!)?

    O täglich / mehrmals pro Woche
    O einmal pro Woche / einmal in 14 Tagen
    O einmal pro Monat oder seltener
    O nie

13. Vervollständigen Sie diesen Satz: „Bücher spielen in meinem Leben …"

    O eine sehr große Rolle
    O eine große Rolle
    O keine große Rolle
    O gar keine Rolle

Anhang 2: Vollständige Antworten zu Frage 9

- jemand hat den Text dazu gesprochen; im Trailer "Todesfrist" war zu viel Text und dieser manchmal unleserlich
- Bei Todesfrist war zu viel Text in kurzen Abständen
- Trailer für Bücher? Beide haben mich nicht überzeugt eines der Bücher zu kaufen und ich hätte sie mir auch nicht bis zum Schluss angesehen.
- im 1. Trailer waren zusätzliche Infos dabei, die nicht schon aus der Kurzbeschreibung oder Rezensionen hervorgingen; der Trailer war gesprochen und nicht nur Text
- Der 1. Trailer war sehr kurz --> man hat fast die ganze Zeit das Gleiche gesehen; der 2. Trailer hat mehr ausgesagt, aber es war etwas zu viel Text
- Es wurde erzählt und es gab Bild.
- nicht so eintönig
- Todesfrist --> guter Eindruck vom Inhalt des Buches bekommen; Verstummt --> spannender Trailer, man bekommt Lust auf mehr
- dramatische Gestaltung; der Kontext klar und anregend spannend --> gute Präsentation des Inhalts
- "Verstummt" --> sehr spannend, macht Lust auf mehr, jedoch könnte etwas mehr "Info" sein; "Todesfrist" --> langatmiger, genug Info
- Kurz und prägnant, sehr gute musikalische Untermalung. Sehr spannend, weil nicht zuviel verraten wird und so die Neugierde geweckt wird.
- "Todesfrist" bestand aus zu viel Text, zu viel schnellen Bewegungen. "Verstummt" hingegen hat sich auf weniger Text konzentriert, daher konnte man den Trailer besser auf sich wirken lassen.
- Todesfrist war zu lang und die Texte zu kurz eingeblendet für ihre Länge. Kurz gehalten und hat auch Interesse geweckt.
- Der Trailer zu "Verstummt" ist wesentlich professioneller. Bei Todesfrist haben mich die Bewertungen schon abgeschreckt, so konnte der Trailer auch nicht mehr überzeugen.
- Todesfrist ist zuviel zu lesen
- Der Trailer hatte mehr den Videocharakter, beim anderen hätte ich auch einfach den Klappentext lesen können (kurz: zu viel Text für ein Video)
- Der Trailer für "Todesfrist" war sehr lang. "Verstummt" wirkte einfach besser, obwohl "Todesfrist" interessanter vom Inhalt her wirkt.
- gesprochener Text, filmähnliche Aufmachung --> schnellerer Einstieg, kürzerer Trailer
- "Todesfrist" gab lediglich den Zusammenfassungstext bildlich wieder --> dieser stand jedoch gleich darüber; "Verstummt" erinnerte an TV / Kino-Trailer
- etwas zu lang aber trotzdem interessant; Thema des Buches war ansprechender

Anhang 3: Vollständige Antworten zu Frage 3

- regionaler Buchhändler in Hannover
- -
- -
- Kino
- Homepage des Autors oder Verlages; YouTube
- -
- -
- YouTube
- web.de
- -
- -
- Homepage des Autors oder Verlages; Facebook; Twitter; Amazon
- Amazon
- YouTube; Facebook; Amazin
- YouTube; Facebook; Amazon
- Homepage des Autos oder Verlages; YouTube; Facebook
- -
- Homepage des Autors oder Verlages; YouTube; Amazon
- Homepage des Autos oder Verlages; Amazon; TV
- Homepage des Autos oder Verlages

Anhang 4: E-Mai-Kontakt LitVideo

Re: Buchtrailer für Datenbank - Wie?
Fynn Jürgensen

Hallo Anne,

die Videodatei kannst du uns auf folgenden FTP-Server stellen.

Für den Upload benötigst du ein FTP-Programm (z.B. FileZilla).

Server-Adresse: ftp://litvideo.com
User: litvid_41
Passwort: qFm9dV7V

Gibst du mir Bescheid, wenn der Upload abgeschlossen ist? Außerdem noch kurz die Frage, ob der Trailer frei von URLs, Datums- und Preisangaben etc. ist und eine Länge von 2 Minuten nicht überschreitet?

Viele Grüße

Fynn Jürgensen

http://www.litvideo.de/videos_in_onlineshops
http://www.litvideo.de/video (aktuelles Showreel jetzt online)
http://www.facebook.com/litvideo

LitVideo GmbH
Agentur für Marketing und Vertrieb

Kaiser-Wilhelm-Strasse 47
D-20355 Hamburg
Germany

Tel. 0049-40-98238491
Fax.0049-40-98238490
Email: fjuergensen@litvideo.de

HRB: 104152
Sitz der Gesellschaft: Hamburg
Registergericht: Amtsgericht Hamburg
Geschäftsführer: Lars Koopmann, Rosi Koopmann

****
Diese E-Mail und sämtliche Dateianhänge sind vertraulich und für den ausschließlichen Gebrauch der in der Adresse angegebenen Personen oder Institutionen bestimmt. Sollten Sie diese E-Mail aufgrund eines Fehlers erhalten haben, benachrichtigen Sie bitte Ihren Systemadministrator.
- -
This email and any files transmitted with it are confidential and intended solely for the use of the individual or entity to whom they are addressed. If you have received this email in error please notify your system manager.

Anhang 5: Daten Fragebogenauswertung

TN	Geschl.	Gruppe	F1	F2	F4	F5	F6	F7a	F7w	F7s	F8	F10V	F10T	F11V	F11T	F12	F13	Bücher IF	Buch-trailer IF	Online-AF
1	w	1	2	2	0V	0	0	0	3V	1	3	2	0	3	3	6	4	3
2	m	1	0	0	0	0	1	1	1V	1	3	2	1	1	1	2	0	3
3	m	1	0	0	0	0	3	0	1V	3	4	1	0	2	2	4	0	4
4	m	1	0	2	0	0	1	0	0V	2	3	1	0	1	2	3	2	1
5	w	1	2	2	0V	0	3	1	1T	1	3	0	1	2	2	4	4	5
6	m	2	0	0	0V	0	1	0	0V	2	3	1	0	2	2	4	0	1
7	m	2	0	0	0	0	3	1	3V	2	3	1	0	2	2	4	0	7
8	w	2	0	2	2	0	1	3	3	0	2	3	2	2	2	4	4	7
9	m	2	0	0	0	0	3	0	1T	2	2	2	2	1	2	4	2	4
10	m	1	0	0	0	0	3	1	1V	1	3	1	1	2	2	3	0	5
11	w	1	0	0	0	0	3	1	3V	2	3	2	1	2	2	4	0	7
12	w	1	2	2	0	0	3	1	3V	2	4	1	0	1	1	2	6	7
13	m	2	0	2	0	0	1	0	0V	2	4	1	0	1	1	2	2	1
14	w	2	2	2	0V	0	1	1	1V	1	3	1	0	3	3	6	4	3
15	w	2	2	2	0	0	3	1	0V	2	3	1	1	3	3	6	4	4
16	w	2	2	2	0V	0	1	0	1V	2	3	0	0	3	3	6	4	2
17	w	2	0	0	0V	0	0	1	1V	2	4	1	2	2	2	4	0	2
18	m	2	2	2	0	0	3	0	1V	2	4	1	0	1	2	3	4	4
19	m	1	0	2	0	0	1	1	1V	2	3	1	1	1	2	3	4	3
20	m	1	0	0	0	0	3	1	1T	2	3	1	2	2	2	4	2	5

Anhang 6: Daten Eye-Tracking Teil 1

TN	Trailer angeschaut auf Amazon	Trailer angeschaut auf Weltbild	Trailer angeschaut überhaupt	Wie lange angeschaut Verstummt	Wie lange angeschaut Todesfrist	Abschweifung Verstummt	Abschweifung Todesfrist	Trailer Amazon nach wieviel Sek	Trailer Weltbild nach wieviel Sek	Trailerfenster fixierung Amazon	Trailerfenster Fixierung Weltbild
1	Nein	Nein	Nein	-	-	-	-	-	-	Nein	Ja
2	Nein	Ja	Ja	-	komplett	-	01:25	-	02:08	Nein	Ja
3	Nein	Ja	Ja	-	32 sec.	-	00:08	-	00:47	Ja	Ja
4	Nein	Ja	Ja	-	12 sec.	-	-	-	03:20	Nein	Ja
5	Nein	Nein	Nein	-	-	-	-	-	-	Nein	Ja
6	Nein	Ja	Ja	00:20	-	00:05	-	-	01:28	Nein	Ja
7	Nein	Nein	Nein	-	-	-	-	-	-	Nein	Nein
8	Nein	Ja	Ja	komplett	-	-	-	-	03:11	Nein	Ja
9	Nein	Nein	Nein	-	-	-	-	-	-	Nein	Nein
10	Nein	Ja	Ja	-	komplett	-	01:24	-	01:57	Nein	Ja
11	Ja	Ja	Ja	komplett	komplett	-	-	02:40	01:11	Ja	Ja
12	Nein	Ja	Ja	-	00:27	-	00:12	-	01:13	Ja	Ja
13	Nein	Nein	Nein	-	-	-	-	-	-	Nein	Nein
14	Nein	Nein	Nein	-	-	-	-	-	-	Ja	Ja
15	Nein	Ja	Ja	komplett	-	-	-	-	00:54	Nein	Ja
16	Nein	Nein	Nein	-	-	-	-	-	-	Nein	Ja
17	Nein	Nein	Nein	-	-	-	-	-	-	Nein	Nein
18	Ja	Nein	Ja	-	00:11	-	-	01:55	-	Ja	Nein
19	Nein	Ja	Ja	-	00:31	-	00:29	-	03:02	Nein	Ja
20	Ja	Ja	Ja	komplett	01:44	-	00:14	00:49	01:45	Ja	Ja

Anhang 7: Daten Eye-Tracking Teil 2

TN	Fix.dauer Autor Verstummt	Fix.dauer Titel Verstummt	Fix.dauer Verlag Verstummt	Fix.anzahl Autor Verstummt	Fix.anzahl Titel Verstummt	Fix.anzahl Verlag Verstummt	Fix.dauer Autor Todesfrist	Fix.dauer Titel Todesfrist	Fix.dauer Verlag Todesfrist	Fix.anzahl Autor Todesfrist	Fix.anzahl Titel Todesfrist	Fix.anzahl Verlag Todesfrist
1	2,739	2,013	0,264	9	7	1	1,697	0,841	1,251	9	4	5
2	1,383	3,425	0,462	5	16	2	1,699	2,457	0,743	12	8	4
3	1,811	2,927	1,597	7	13	5	1,761	2,373	0,396	8	8	1
4	2,157	3,541	0,56	12	19	2	0,839	1,464	0,609	5	8	3
5	1,678	4,034	0	6	15	0	2,622	0,841	0,28	11	3	1
6	1,612	3,726	0	6	15	0	2,917	1,235	0,923	16	7	4
7	1,831	2,474	0	6	12	0	1,451	1,054	0,412	10	6	2
8	k.A.	k.A.	k.A.	k.A.	k.A.	k.A.	2,093	0,792	0,296	8	4	1
9	0,691	3,277	0,247	3	16	1	1,812	1,5	0,512	9	8	2
10	1,399	4,229	0,461	6	19	2	1,648	0,988	0,659	10	5	3
11	1,912	4,629	0,511	9	16	1	0,708	1,087	1,154	4	4	5
12	2,505	2,616	0,413	10	12	3	1,449	1,464	0,626	8	6	2
13	1,612	2,65	1,102	8	15	5	2,276	1,054	0,988	12	6	4
14	1,154	2,802	0,231	3	11	1	2,406	1,318	0,478	10	5	3
15	0,609	1,448	0,543	3	6	2	2,534	1,497	0,545	15	7	2
16	1,926	3,44	0	6	13	0	1,678	2,027	0,165	8	10	1
17	1,221	2,552	1,287	5	12	6	1,631	0,494	0,478	10	3	2
18	1,317	3,44	0	7	19	0	0,758	1,202	0,462	5	7	2
19	1,268	3,652	0	7	17	0	4,969	0,511	0,51	22	3	3
20	0,659	3,312	0,363	4	14	1	1,565	0,56	0,198	9	2	1

Anhang 8: Daten Eye-Tracking Teil 3

TN	Coverbild Amazon	Preis Amazon	Klappentext Amazon	Autorenvita Amazon	Blick ins Buch Amazon	Rezensionen Amazon	Coverbild Weltbild	Preis Weltbild	Klappentext Weltbild	Autorenvita Weltbild	Blick ins Buch Weltbild	Rezensionen Weltbild
1	x	x			x	x	x	x	x	x	n.m.	x
2	x	x		x	x	x	x	x	x	x	n.m.	
3	x	x	x		x	x	x	x	x	x	n.m.	x
4	x	x	x	x		x	x		x	x	n.m.	x
5	x	x	x	x	x	x	x		x	x	n.m.	x
6	x		x			x	x		x	x	n.m.	x
7	x		x	x			x		x	x	n.m.	x
8	x	x	x	x	x		x	x	x		n.m.	x
9	x	x			x		x		x	x	n.m.	
10	x	x					x	x	x	x	n.m.	
11	x		x			x	x		x	x	n.m.	x
12	x	x	x		x	x	x	x	x	x	n.m.	x
13	x	x	x		x	x	x	x	x	x	n.m.	x
14	x	x	x	x		x	x		x	x	n.m.	x
15	x	x	x	x	x		x		x	x	n.m.	x
16	x	x	x	x	x		x	x	x	x	n.m.	x
17	x	x	x		x		x	x	x		n.m.	x
18	x	x	x	x	x		x	x	x	x	n.m.	
19	x	x	x	x	x		x	x	x	x	n.m.	x
20	x	x	x	x	x		x	x	x	x	n.m.	x